应用型高等教育财经类专业“十三五”规划教材

企业经营沙盘模拟实训教程

刘春宇　主编

上海财经大学出版社

图书在版编目(CIP)数据

企业经营沙盘模拟实训教程/刘春宇主编. —上海:上海财经大学出版社,2020.7

(应用型高等教育财经类专业“十三五”规划教材)

ISBN 978-7-5642-3469-0/F·3469

Ⅰ.①企… Ⅱ.①刘… Ⅲ.①企业管理-计算机管理系统-高等学校-教材 Ⅳ.①F272.7

中国版本图书馆 CIP 数据核字(2020)第 089071 号

□ 策划编辑 徐 超
□ 联系信箱 1050102606@qq.com
□ 责任编辑 石兴凤
□ 封面设计 张克瑶

企业经营沙盘模拟实训教程

刘春宇 主 编

上海财经大学出版社出版发行
(上海市中山北一路 369 号 邮编 200083)
网 址:http://www.sufep.com
电子邮箱:webmaster @ sufep.com
全国新华书店经销
江苏启东人民印刷有限公司印刷装订
2020 年 7 月第 1 版 2022 年 11 月第 2 次印刷

787mm×1092mm 1/16 17.25 印张 442 千字
印数:3 001—4 000 定价:49.00 元

前　言

“知行合一(王阳明)”“管理是一种实践，其本质不在于知，而在于行(彼得・德鲁克)”。从古至今、由东方到西方无不强调实践的重要性，对于经济管理专业人才培养而言，培养学生的思维能力、应用能力和应变能力，提升其认知能力和实践创新能力是基本要求之一。

沙盘作为企业经营模拟的工具之一，能将真实企业的经营活动简化集中在一个盘面上，实现了将企业搬进课堂，一定程度上解决了传统教学体系与实践脱节的问题。同时随着网络信息技术的快速发展和应用，大数据、云计算、人工智能等新技术与教育教学深度融合，信息化教学手段越来越多地进入传统课堂。融入信息化教学手段的沙盘教学由于其直观性、生动性、情境性和互动性，极大地提高了学生的兴趣和参与性，使得学生的领会和感触更深，教学效果更佳。ERP 沙盘模拟借助沙盘教具再现企业生产经营管理的全过程。模拟操作过程中，将学生分成 6～8 个组，分别代表同一行业存在竞争关系的不同企业。每个组 6 人，分别担任企业管理层某一角色的任务，这些角色主要包括首席执行官、财务总监、生产总监、营销总监、采购总监、人力资源总监等。每组学生组建一个公司进行生产经营活动，完成模拟企业 6 年的经营。每组分别代表同一行业中的不同竞争对手，需根据市场需求预测和竞争对手动向决定本企业的产品、市场、销售、融资、生产等方面的长、中、短期策略，每一年年末通过系列会计报表(简易利润表、简易资产负债表)结算并分析经营结果，进而制定改进方案，然后继续下一年的经营。沙盘模拟能使学生深切感受企业的实战竞争气氛。在模拟企业实战中，学生会遇到企业经营中经常出现的各种典型问题。针对这些问题，学生必须通过以 CEO 为首的团队去共同分析问题并解决问题，最后通过教师对每一年的经营结果进行点评总结，使学生体会如真实般的操作，并进行反思和总结。本书由武昌首义学院刘春宇老师主编，汉口学院饶兴明老师副主编。全书共计 44 万字，其中，刘春宇拟定大纲，审定内容，完成第 1 章到第 10 章内容的编写，共计承担 36 万字的编写任务；饶兴明负责统稿，进行数据的收集加工处理，并参与第 5 章、第 6 章和第 10 章部分内容的编写，共计承担 8 万字的编写任务。本书也是主编科研和教研项目的研究成果，分别是湖北省教育科学规划项目：ERP 沙盘实训与企业实践分段式人才培养运行机制研究(项目编号：2018GB133)；湖北省本科高校“荆楚卓越经管人才”协同育人计划项目(项目编号：2017077）；湖北本科高校省级实习实训基地项目（项目编号：2016039）；校企协同育人模式下应用型本科高校市场营销专业实践教学研究（项目编号：2018488）等项目的阶段性研究成果。本书从前期框架体系设计、大纲的编写到后期的审稿、定稿直至出版，得到了武昌首义学院各级领导和专家的精心指导，在此向各级领导和专家、有关工作人员表示衷心的感谢。同时，本教材还参考了其他相关教材，在此向这些教材的原作者表示谢意。由于时间和水平有限，疏漏之处在所难免，欢迎广大读者批评指正。

编 者

2020年5月于武昌南湖

目　录

第二篇　规则篇

第三篇　操作篇

第四篇 总结篇

第一篇

认 识 篇

第 1 章　认识 ERP

我们先用一个生活中的小故事来感性认识一下 ERP(见表 1—1)：

表 1—1　　**生活中的 ERP**

商务活动	人　物	内　容
订货意向	丈夫	一天中午，丈夫在外给家里打电话："亲爱的老婆，晚上我想带几个同事回家吃饭，可以吗？"
	妻子	"当然可以，来几个人，几点来，想吃什么菜？"
商务沟通	丈夫	"6 个人，我们 7 点左右回来，你准备些酒、烤鸭、烧鸡、番茄炒蛋、凉菜、蛋花汤……你看可以吗？"
确认订单	妻子	"没问题，我会准备好的。"
		记录下需要做的菜单： MPS(Master Production Schedule，主生产计划)，具体要准备的东西：鸡、鸭、五花肉、啤酒、番茄、鸡蛋、调料…… BOM(Bill of Material，物料清单)，发现需要 1 只鸡、1 只鸭、9 瓶酒、4 个鸡蛋、1.5 斤五花肉、2 个番茄。 BOM 展开，炒蛋需要 6 个鸡蛋，紫菜蛋汤需要 4 个鸡蛋(共用物料)，打开冰箱(库房)一看，只剩下 2 个鸡蛋(缺料)，3 箱啤酒。
		来到自由市场：
采购询价		"请问鸡蛋怎么卖？"
	小贩	"1 个 1 元，半打 5 元，1 打 9.5 元。"
经济批量采购	妻子	"我只需要 8 个，但这次买 1 打。"
验收、退料、换料		"这有一个坏的，换一个。"
生产		回到家中： 准备洗菜、切菜、炒菜……**工艺线路** 厨房中有燃气灶、微波炉、电饭煲……**工作中心** 妻子发现拔鸭毛最费时间……**瓶颈工序** 关键工艺路线，自己用微波炉做烤鸭可能来不及，产能不足，于是决定在楼下买现成的产品……**委托外卖**
紧急订单		下午 4 点，接到儿子的电话："妈妈，晚上几个同学想来家里吃饭，你帮忙准备一下。"
不能并单处理		"好的，你们想吃什么，爸爸晚上也有客人，你愿意和他们一起吃吗？" "菜，你看着办吧，但一定要有番茄炒蛋。我们不和大人一起吃，6:30 左右回来。"

续表

商务活动	人　物	内　容
确认订单	妻子	“好的，肯定让你们满意。”
		“鸡蛋又不够了，打电话叫小贩送来。”
采购委外单跟催		6:30，一切准备就绪，可烤鸭还没送来，急忙打电话询问：“我是李太，怎么订的烤鸭还不送来？”
	外卖	“不好意思，送货的人已经走了，可能是堵车吧，马上就会到的。”
验收、入库、转应付款	妻子	门铃响了。 “李太太，这是您要的烤鸭，请在单上签字。”
紧急订购意向，要求现货		6:45，女儿的电话：“妈妈，我现在带几个朋友回家吃饭可以吗？”
		“不行呀，女儿，今天妈已经准备了两桌饭，时间实在来不及，真的非常抱歉，下次早点说，一定给你们准备好。”……**ERP 的局限性，要有稳定的外部环境，要有提前期** 送走了所有的客人，疲惫的妻子坐在沙发上对丈夫说：“亲爱的，现在咱们家请客的频率非常高，应该要买些厨房用品了，最好能再雇个小保姆。”……**人力资源缺口**
通过审核	丈夫	“家里你做主，需要什么你就去办吧。”
应收货款的催要	妻子	“还有，最近家里花销太大，用你的私房钱来补贴一下，好吗？”

送走了所有客人，妻子拿着计算器，准确地算出了今天的各项成本（**成本核算**）和节余原材料（**车间退料**），并记入日记账（**总账**），把结果念给丈夫听（**给领导报表**）。丈夫说道：“值得，花了 145.49 元，请了好几个朋友，感情储蓄账户增加了若干（**经济效益分析**）。”

我们用表 1—2 来概括一下上述过程：

表 1—2　　　　生活中的 ERP 与生产中的 ERP 对比

生活中的活动	内　容	对应 ERP 活动
1. 列示晚餐菜单材料清单	1 只生鸡、1.5 斤五花肉、2 个番茄，共用材料（6 个鸡蛋、500 克紫菜、4 个鸡蛋）、一箱啤酒（12 瓶）	ERP 中的 BOM 物料需求
2. 去厨房检查所需材料	冰箱只有 2 个鸡蛋、3 瓶啤酒	ERP 中的库存材料
3. 晚餐采购清单	1 只生鸡、1.5 斤五花肉、2 个番茄、6 个鸡蛋、500 克紫菜、9 瓶啤酒	ERP 中的材料净需求
4. 安排做菜流程	洗→切→炒→煮	ERP 中的生产工艺

现在对 ERP 有感知了吗？从这个故事可以看出每一个合格的家庭主妇都是生产厂长的有力竞争者。

1.1　ERP 的概念及层次

ERP 概念的提出源于 1990 年 4 月 12 日美国 Gartner Group 公司的一份研究报告《ERP 下一代：MRPⅡ的远景设想》。虽然它仅仅只有两页纸，但却是非常具有前瞻性的精辟设想报告。报告中指出，企业资源计划（Enterprise Resource Planning，ERP），或称为企业资源计划系统，核心是两大集成——内部集成和外部集成，其中，内部集成是实现产品研发、核心业务和数据采集三方面的集成，强调企业内部经营活动的集成；外部集成是实现企业与供需链上所有合作伙伴的集成，强调企业与企业间活动的集成。

经过几年的实践和发展，ERP 概念逐渐成熟并变得更为现实。1993 年，Gartner Group 公司再次以《ERP：远景设想定量化》为题发布会议报告，报告用了 26 页的篇幅着重论述 5 大重点主题：(1)是什么促进了 ERP 的发展？(2)如何区别 ERP 与 MRPⅡ？(3)计算机技术对 ERP 的作用有哪些？(4)ERP 具有哪些功能？(5)用户应如何采用 ERP？在这份报告中，详尽阐述了 ERP 的理念、实质和定义。

概述早期的一些文献主题发现，Gartner Group 公司最初对 ERP 的定义可以简明地表达为：ERP 是 MRPⅡ(Manufacturing Resource Planning，制造资源计划)的下一代，内涵主要是“打破企业的四壁，把信息集成的范围扩大到企业的上下游，管理整个供需链，实现供需链制造”。换句话说，ERP 是一种信息内部所有业务部门之间，以及企业同外部合作伙伴之间交换和分享信息的系统；是集成供需链管理的工具、技术和应用系统；是管理决策和供需链流程优化不可缺少的手段，是实现竞争优势的同义语。

现在我们可以这样理解 ERP：ERP 是建立在信息技术的基础上，以系统化的管理思想为线，为企业决策层及员工提供决策运行手段的管理平台。该系统集信息技术与先进管理思想于一体，是现代企业的一种运行模式，反映时代对企业合理配置资源、最大化创造社会财富的要求，已成为企业在信息时代生存、发展的基石。

目前，学者们从管理思想、软件产品、管理系统三个层次界定 ERP，如表 1—3 所示：

表 1—3　ERP 的概念层次

	层　次	内　容
ERP	管理思想	SCM(供应链管理)、JIT/LP(准时制生产/精益生产)、CE(并行工程)、AMS(敏捷制造系统)
	软件产品	C/S(客户机/服务器)体系、B/S(浏览器/服务器)体系、关系数据库结构、GUI(图形用户界面)、4GL(第四代语言)、软件技术、多数据库集成
	管理系统	MRP(制造资源计划)、MRPⅡ、CRM(客户关系管理)、SCM(供应链管理)、SRM(供应商管理)、SCEM(供应链例外事件管理)、WMS(仓库管理系统)

1.1.1　ERP 管理思想

整个 ERP 系统贯穿着计划、平衡与控制的管理理念，其核心思想是计划平衡和供需链管理，具体体现下述一系列管理思想：

● 供应链管理(SCM)思想：深入供应链的各个增值环节，将顾客所需的正确产品(Right Product)能够在正确的时间 (Right Time)，按照正确的数量(Right Quantity)、正确的质量(Right Quality)和正确的状态(Right Status)送到正确的地点(Right Place)，即“6R”，并使总成本最小。

● 准时制生产/精益生产(JIT/LP)思想：生产的计划和控制及库存的管理，追求一种无库存或者库存达到最小的生产系统，即“只在需要的时候，按需要的量生产所需的产品”。

● 并行工程(CE)思想：并行工程是对产品及其相关过程(包括制造过程和支持过程)进行并行、集成化处理的系统方法和综合技术。其核心思想是要求产品开发人员从一开始就考虑到产品全生命周期(从概念形成到产品报废)内各阶段所有因素(如功能、制造、装配、作业调度、质量、成本、维护与用户需求等),以达到提高质量、降低成本、缩短产品开发周期和产品上市时间的目的。

● 敏捷制造系统(AMS)思想:要提高企业对市场变化的快速反应能力,满足顾客的要求,除了充分利用企业内部资源外,还可以充分利用其他企业乃至社会的资源来组织生产。

1.1.2 ERP 软件产品系统

● ERP 软件产品系统是以 ERP 管理思想为核心,以 ERP 软件为平台的现代企业管理系统,综合应用 C/S、B/S 体系、关系数据库结构、面向对象技术、图形用户界面、第四代语言(4GL)、网络通信等信息产业成果,整合企业管理理念、业务流程、基础数据、人力物力、计算机硬件和软件于一体。

● ERP 软件产品系统是基于分布式开放(C/S、B/S)的系统,是运用基于分布式关系数据库(可通过"标准的"结构化查询语言——SQL 来访问数据库)的技术,是基于第四代语言(4GL)的软件代码,具有图形用户界面(GUI)特征,是多数据库的集成。

1.1.3 ERP 管理系统

● ERP 管理系统是将企业的物流、资金流、信息流三大流进行全面一体化管理,同时也是将企业所有资源进行整合集成管理的信息系统,包含供应链管理(SCM)、销售管理、订单管理、生产管理、库存管理、财务管理、客服管理等一系列管理信息系统。

1.2 ERP 演进阶段和 ERP 发展

ERP 演进大致经历了五个阶段,如表 1—4 所示:

表 1—4 ERP 演进时间阶段

阶 段	时 间	核 心
第一阶段	20 世纪 30 年代	订货点法
第二阶段	20 世纪 60 年代	基本 MRP
第三阶段	20 世纪 70 年代	闭环 MRP
第四阶段	20 世纪 80 年代	MRPⅡ
第五阶段	20 世纪 90 年代	ERP

下面我们具体来认识和理解 ERP 演进的每一阶段:

1.2.1 20 世纪 30 年代的订货点法

1946 年 2 月世界上第一台计算机出现之前,企业库存管理系统所能做的工作只是发出订单和进行催货,也就是说,库存管理系统只发出生产订单和采购订单,对物料的实际真实需求需借助于缺料表,但是缺料表上所列的物料是马上要用却发现没有库存的物料,因此只能派人根据催料表进行催货。在这种背景下,产生了一种按照过去的经验来预测未来物料的需求方法，即订货点法。订货点法是基于改变上述被动的状况而提出的。

订货点法（Order Point Method），始于 20 世纪 30 年代，也称为订购点法、安全库存法，这种方法有不同的表现形式，但实质都是着眼于“库存补充”的原则。“补充”的意思是把库存填满到某个原来的状态。库存补充的原则是保证在任何时候仓库里都有一定数量的存货，以便需要时随取随用。

具体而言，订货点法是指对于某种物料或产品，由于生产或销售的原因而逐渐减少，当库存量降低到某一预先设定的点时，即开始发出订货单（采购单或加工单）来补充库存，直至库存量降低到安全库存，发出的订单所定购的物料（产品）刚好到达仓库，补充前一时期的消耗。此一订货的数值点，即称为订货点。

安全库存的设置是为了应对需求的波动，一旦库存储备低于预先规定的数量，则立即进行订货，从订货单发出到所订货物收到这一段时间称为订货提前期。

订货点的基本公式是：

订货点＝单位时区的需求量×订货提前期＋安全库存量

当某项物料的现有库存和已发出的订货之和低于订货点时，则必须进行新的订货，以保持足够的库存来支持新的需求，处理逻辑如图 1－1 所示：

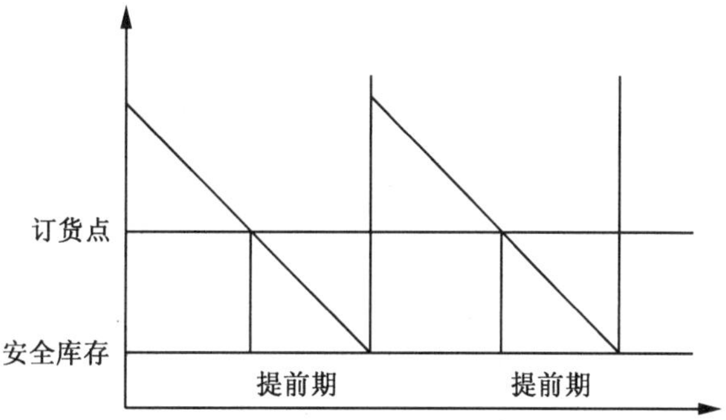

图 1－1　订货点法

如果某项物料的需求量为每周 80 件，提前期为 5 周，并保持 1 周的安全库存量，那么该项物料的订货点可计算如下：

80×5＋80＝480

订货点法建立的库存模型曾被称为“科学的库存模型”，但由于其是在某些假设之下追求数学模型的完美，使得其在实际应用中却不尽人意。这些假设主要包括四个方面，如表 1－5 所示：

表 1－5　　订货点法实施假设

订货点法假设	（1）对各种物料的需求是相互独立的
	（2）物料需求是连续发生的
	（3）库存消耗之后应被重新填满
	（4）“何时订货”

（1）对各种物料的需求是相互独立的。订货点法不考虑物料项目之间的关系，即每项物料

的订货点分别独立地确定，因此，订货点法是面向零件的而不是面向产品的。但是，在制造业中有一个很重要的要求，那就是各项物料的数量必须配套，以便能装配成产品。由于对各项物料分别独立地进行预测和订货，因而就会在装配时发生各项物料数量不匹配的情况。这样，虽然单项物料的供货率提高了，但总的供货率却降低了，因为不可能对每项物料的预测都很准确，所以积累起来的误差反映在总供货率上将是相当大的。物料的短缺并非由于预测精度不高而引起，而是由于这种库存管理模型本身的缺陷所造成的。

(2)物料需求是连续发生的。按照这种假定，必须认为需求相对均匀，库存消耗率稳定，而在制造业中，对产品零部件的需求恰恰是不均匀、不稳定的。库存消耗是间断的，这通常是由于下道工序的批量需求引起的。

举个例子，假定最终产品是活动扳手，零件是扳手柄。扳手不是单件生产的，当工厂接到一批订货时就在仓库中取出一批相应数量的扳手柄投入批量生产。这样一来，扳手柄的库存量就要突然减少，有时会降到订货点以下，这时就要立即下达扳手柄的生产指令，于是又会引起扳手柄毛坯的库存大幅度减少。如果因此引起原材料库存也低于订货点，则对扳手毛坯也要进行采购订货。由此可见，即使对最终产品的需求是连续的，由于生产过程中的批量需求，对零部件和原材料的需求也是不连续的。需求不连续的现象提出了一个如何确定需求时间的问题，订货点法是根据以往的平均消耗来间接地指出需要时间，但是对于不连续的、非独立的需求来说，这种平均消耗率的概念是毫无意义的。事实上，一方面，采用订货点法的系统下达订货时间常常偏早，在实际需求发生之前就有大批存货放在仓库造成积压，而另一方面却又会由于需求不均衡和库存管理模型本身的缺陷造成库存短缺。

(3)库存消耗之后应被重新填满。按照这种假定，当物料库存量低于订货点时必须发出订货，以重新填满库存。但如果需求是间断的，那么这样做不但没有必要而且也不合理，很可能因此而造成库存积压。例如，某种产品一年中可以得到客户的两次订货，那么制造此种产品所需的材料则不必因库存量低于订货点而立即填满。

(4)“何时订货”是一个大问题。“何时订货”被认为是库存管理的一个大问题，因为库存管理正是订货并催货这一过程的自然产物。然而真正重要的问题却是“何时需要物料”，当这个问题解决以后，“何时订货”的问题也就迎刃而解了。订货点法通过触发订货点来确定订货时间，再通过提前期来确定需求日期，其实是本末倒置的。

订货点法和理论产生的管理模型在当时的环境下起到了一定的作用，但随着市场的变化和产品复杂性的增加，其应用受到诸多条件的限制，而且不能反映实际需求，往往为了满足生产需求而不断增加订货点的数量，从而造成库存积压，进而导致库存占用的费用大量增加，产品成本也随之提高，因此企业的产品缺乏市场竞争力。

库存点法提出了许多在新的条件下应当解决的问题，从而引发了 MRP 的出现。

1.2.2 20 世纪 60 年代的基本 MRP 阶段

基于订货点法的不足，20 世纪 60 年代美国生产与库存管理协会(American Production and Inventory Control Society, Inc. APICS)提出了物料需求计划(Material Requirements Planning, MRP)，也可称为时段式 MRP、基本 MRP，简称为 MRP。

在工业企业中，产品构成大多数结构复杂、品种繁多，编制其物料需求计划十分复杂、繁重且困难。1965 年，IBM 的 Joseph A. Irlicky 提出了“独立需求”“非独立需求”概念，并且随着计算机技术的发展以及在企业管理中的广泛推广与应用，在计算机上实现了可行的用于装配型产品生产与控制的MRP系统。

物料需求计划是一种以计算机为基础的编制生产与实行控制的用于制造业库存管理信息处理的系统,解决了如何实现制造业库存管理目标——在正确的时间按正确的数量得到所需的物料这一难题。它不仅是一种新的计划管理方法,而且也是一种新的组织生产方式。MRP的出现和发展,引起了生产管理理论和实践的变革。

MRP是根据总生产进度计划中规定的最终产品的交货日期,规定必须完成各项作业的时间,编制所有较低层次零部件的生产进度计划、对外计划,各种零部件的采购时间与数量,对内确定生产部门应进行加工生产的时间和数量。一旦作业不能按计划完成,MRP系统可以对采购和生产进度的时间和数量加以调整,使各项作业的优先顺序符合实际情况。也就是说,企业怎样才能在规定的时间、规定的地点,按照规定的数量得到真正需要的物料,换句话说,就是库存管理怎样才能符合生产计划的要求,这是物料需求计划所要解决的。MRP包括主生产计划(Master Production Schedule,MPS)、物料清单(Bill of Material,BOM)、存货单(库存信息)等资料,经过计算制定出物料生产与采购计划,同时提出各种订单补充的建议,并对已开工订单进行修正。

MRP与订货点法的区别表现在三个方面:一是通过产品结构将所有物料的需求联系起来;二是将物料需求区分为独立需求和非独立需求并分别加以处理;三是对物料的库存状态数据引入时间分段的概念。

MRP系统所运行的前提条件、基本假设和运行步骤,我们用表1—6进行概括:

表1—6　MRP系统运行的前提条件、基本假设和运行步骤

事项	内容
前提条件	(1)要求赋予每项物料(如原材料、零部件和最终产品)一个独立的物料代码,且两种不同的物料不得有相同的代码,物料代码用于描述所有涉及的主生产计划、物料清单和库存记录
	(2)要有一个"生产什么产品和什么时候产出的权威性计划",即主生产计划。该计划只考虑最终项目。这些项目可能是产品,也可能是处于产品结构中最高层次的装配件,这些装配件可根据总装配计划装配成不同的产品
	(3)在计划编制期间必须有一个通过物料代码表示的物料清单BOM(Bill of Material)
	(4)要有完整的库存记录。也就是说,所有在MRP系统控制下的物料都要有相应的库存记录
基本假设	(1)完整的BOM和库存记录文件
	(2)已知所有物料的订货提前期,或至少可以估算
	(3)要求所有受其控制的物料都要经过库存登记,从而有一个入库状态(即使是短暂的),然后才可以为满足某项订货而发放出去。这样,生产过程的每个阶段实质上是通过库存信息来监控的
	(4)MRP系统在计算物料需求时间时,假定用于构成某个父项的所有子项都必须在下达父项的订货时到齐。因此,子项的需求均在父项的订货下达时发生
	(5)假定每项物料的消耗都是间断的 例如,某父项物料由50个子项构成,那么,MRP在进行计算时就恰好分配出50个,并假定它们被一次性消耗掉

续表

事 项	内 容
运行步骤	(1)根据市场预测和客户订单正确编制可靠的生产计划和生产作业计划,在计划中规定生产的品种、规格、数量和交货日期,同时,生产计划必须是同现有生产能力相适应的计划
	(2)正确编制产品结构图和各种物料、零件的用料明细表
	(3)正确掌握各种物料和零件的实际库存量
	(4)正确规定各种物料和零件的采购交货日期,以及订货周期和订购批量
	(5)通过 MRP 逻辑运算确定各种物料和零件的总需要量以及实际需要量
	(6)向采购部门发出采购通知单或向本企业生产车间发出生产指令

基本 MRP 工作过程如图 1—2 所示:

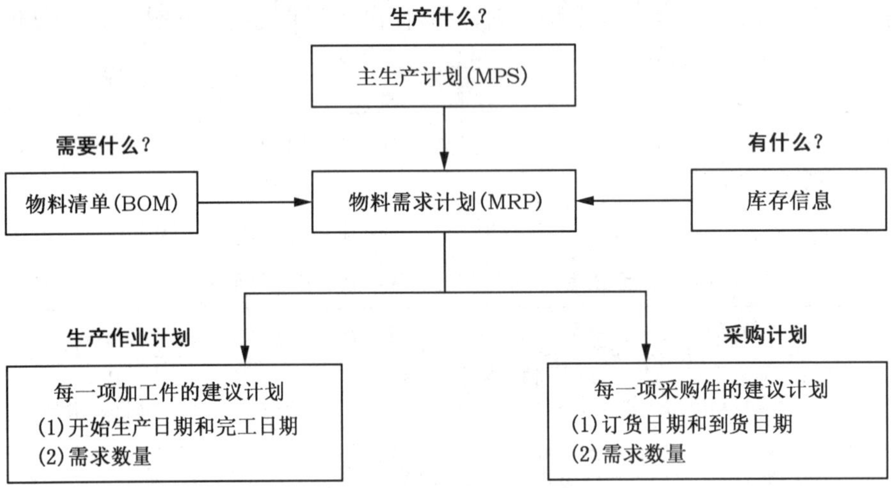

图 1—2 基本 MRP 工作过程

具体可分为三个步骤:

步骤一:编制主生产计划(MPS),即明确"我们将要生产什么",可根据主生产计划独立需求预测以及零部件订货的决定;

步骤二:编制物料需求计划(MRP),需明确物料清单(BOM)和库存信息,可根据 BOM 回答"用什么来生产",把主生产计划等反映的需求沿各产品的 BOM 进行分解,从而得知"为了生产所需的产品,我们需要用些什么",然后和库存记录进行比较,从而确定物料需求,即回答"我们还需要再得到什么"。

步骤三:根据物料需求计划编制生产作业计划和采购计划,其中,生产作业计划可明确开始生产日期和完工日期及需求数量,采购计划可明确订货日期和到货日期及需求数量。

通过三个步骤的处理过程,使得在 MRP 系统控制下的每项物料的库存记录都能正确地反映真实的物料需求。

MRP 系统之所以能成为生产库存管理的得力工具,主要是因为:(1)可使库存投资减少到最小限度;(2)可对生产中的变化做出灵敏的反应;(3)可以对每项物料提供未来的库存状态信息;(4)库存控制是面向生产作业的,而不是面向台账登记的;(5)强调需求、库存储备和订货作业的时间性。这几个原因相辅相成，使得 MRP 系统的输出信息能够成为其他生产管理子系统（如能力需求计划、车间作业管理、采购作业管理等）的有效输入信息。

1.2.3　20 世纪 70 年代的闭环 MRP 阶段

20 世纪 60 年代基本 MRP 虽然能够根据有关数据计算得到相关物料需求的准确时间与数量，但由于未考虑到生产企业现有的生产能力和采购的有关条件的约束，因此计算出来的物料需求的日期有可能因设备和工时的不足而没有能力生产，或者因原料的不足而无法生产。同时，它也缺乏根据计划实施情况的反馈信息对计划进行调整的功能。

基于解决以上问题的目的，20 世纪 70 年代，MRP 系统发展成为一个闭环 MRP 系统，即除了物料需求计划外，还将生产能力需求计划、车间作业计划和采购作业计划也全部纳入 MRP，形成闭环，如图 1—3 所示：

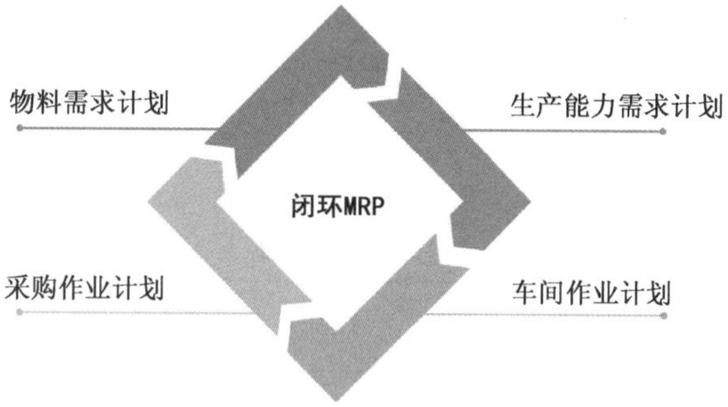

图 1—3　闭环 MRP

在 MRP 系统的正常运行中，需要有一个现实可行的主生产计划，它除了要反映市场需求和合同订单以外，还必须满足企业的生产能力约束条件。因此，除了要编制资源需求计划外，还要制定能力需求计划（Capacity Requirement Planning，CRP），同各个工作中心的能力进行平衡。只有在采取了措施做到能力与资源均满足负荷需求时，才能开始执行计划。

同时，要保证实现计划就要控制计划，执行 MRP 时要用派工单来控制加工的优先级，用采购单来控制采购的优先级。这样，基本 MRP 系统进一步发展，把能力需求计划和执行及控制计划的功能也包括进来，形成一个环形回路，称为闭环 MRP。它是一个完整的生产计划与控制系统，如图 1—4 所示。

由此可见，闭环 MRP 是一个集计划、执行、反馈于一体的综合性系统，它能对生产中的人力、机器和材料各项资源进行计划与控制，使生产管理的应变能力有所加强。MRP 的实施使得物料可事先进行计划，而不是等到物料短缺发生时才给予解决，同时也需保证足够的生产能力来进行生产，因为 MRP 所输出的生产和采购计划信息若没有传送至车间和供应商那里，这些计划也就没有价值，所以必须增加生产能力计划、生产活动控制、采购和物料管理计划三方面的功能。

闭环 MRP 的特点概括如表 1—7 所示：

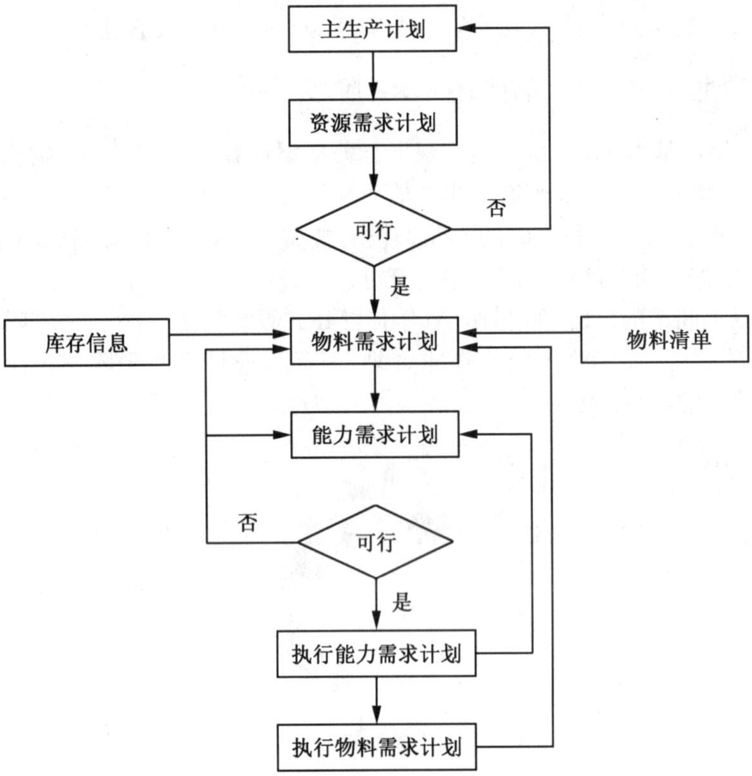

图 1—4 闭环 MRP 逻辑流程图

表 1—7 闭环 MRP 特点

	特 点
闭环 MRP	(1)主生产计划来源于企业的生产经营计划与市场需求(如合同、订单等)
	(2)主生产计划与物料需求计划的运行(或执行)伴随着能力与负荷的运行,从而保证计划是可靠的
	(3)采购与生产加工的作业计划与执行是物流的加工变化过程,同时又是控制能力的投入与产出过程
	(4)能力的执行情况最终反馈到计划制定层,整个过程是能力的不断执行与调整的过程

1.2.4 20 世纪 80 年代的 MRPⅡ阶段

闭环 MRP 系统的出现使生产活动方面的各种子系统得到了统一,该系统不仅仅涉及物流,还包括与物流密切相关的资金流,这造成了数据的重复录入与存储,甚至造成数据的不一致性。1977 年 9 月,美国著名生产管理专家奥列弗·怀特(Oliver W. Wight)提出了一个新概念——制造资源计划(Manufacturing Resources Planning),为了区别物料需求计划而称为 MRPⅡ。MRPⅡ将生产、财务、销售、工程技术、采购等各个子系统集成为一个一体化的系统,是对企业的制造资源进行计划、控制和管理的系统,是对闭环 MRP 的改进,实现了物流与资金流的信息集成,并增加了模拟功能。

MRPⅡ的基本思想是把企业作为一个有机整体，从整体最优的角度出发，通过运用科学的方法对企业的各种制造资源和产、供、销、财各个环节进行有效的计划、组织和控制，使它们得以协调发展，并充分发挥作用。其逻辑流程图如 1—5 所示：

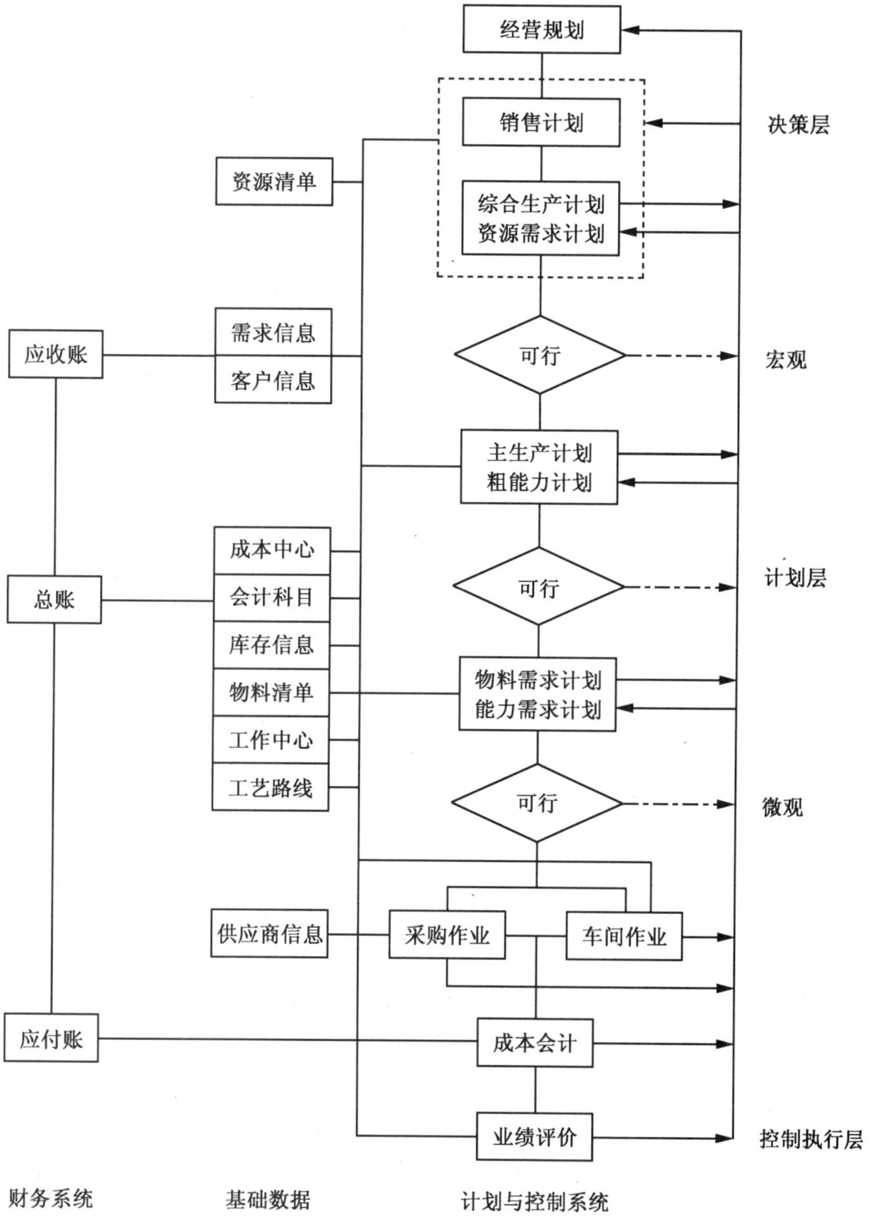

图 1—5　MRPⅡ系统的逻辑流程图

MRPⅡ系统的逻辑流程图理解如表 1—8 所示：

表 1—8 **MRPⅡ系统流程图理解**

	系统构成	理 解
左侧	财务系统	主要包含应收账、总账、应付账系统
中间	基础数据	计算机数据库系统:数据信息的集成,用于企业各个部门的业务沟通,能反复调用
右侧	计划与控制系统	决策层、计划层、控制执行层:经营计划管理的流程
连线	表明信息的流向及相互之间的集成关系	

MRPⅡ管理模式的特点可以从下述六个方面来说明(如表 1—9 所示),每一项特点都含有管理模式的变革和人员素质或行为变革两方面。这些特点是相辅相成的,它表明 MRPⅡ是一个比较完整的生产经营管理系统,是实现制造业企业整体效益的有效管理模式。

表 1—9 **MRPⅡ的管理特点**

特 点	理 解
(1)计划的一贯性与可行性	MRPⅡ是一种计划主导型管理模式。计划层次从宏观到微观、从战略到技术、由粗到细逐层优化,始终保证与企业经营战略目标一致。它把通常的三级计划管理统一起来,其中计划编制工作集中在公司层面,即厂级决策部门,车间班组(职能操作层面)只执行计划、调度和反馈信息。公司层计划下达前需反复验证和平衡生产能力,并根据反馈信息及时调整,处理好供需矛盾,从而保证计划的一贯性、有效性和可执行性。
(2)管理的系统性	MRPⅡ是一项系统工程。它把企业所有与生产经营直接相关部门的工作联结成一个整体,各部门都从系统整体出发做好本职工作,每个员工都知道自己的工作质量同其他职能的关系。因为只有在"一个计划"下这些工作才能成为系统,所以传统的条块分割、各行其是的局面被团队合作精神所取代。
(3)数据的共享性	MRPⅡ是一种制造企业管理信息系统。企业各部门都依据同一数据信息进行管理,任何一种数据变动都能及时地反映给所有部门,做到数据共享。在统一的数据库支持下,按照规范化的处理程序进行管理和决策,改变了过去那种信息不通、情况不明、盲目决策和相互矛盾的现象。
(4)动态的应变性	MRPⅡ是一个闭环系统。它要求跟踪、控制和反馈瞬息万变的实际情况,管理人员可随时根据企业内外环境条件的变化迅速做出响应,及时决策调整,保证生产正常进行。它可以及时掌握各种动态信息,保持较短的生产周期,因而有较强的应变能力。
(5)模拟的预见性	MRPⅡ具有模拟功能。它可以解决"如果怎样……将会怎样"的问题,可以预见在相当长的计划期内可能发生的问题,事先采取措施消除隐患,而不是等问题已经发生了再花数倍的精力去处理。这将使管理人员从繁杂的事务堆里解脱出来,致力于实质性的分析研究,提供多个可行方案供领导层决策。
(6)物流、资金流的统一	MRPⅡ包含了成本会计和财务功能,可以由生产活动直接产生财务数据,把实物形态的物料流动直接转换为价值形态的资金流动,保证生产和财务数据一致。财务部门及时得到资金信息用于控制成本,通过资金流动状况反映物料和经营情况,随时分析企业的经济效益,参与决策,指导及控制经营和生产活动。

1.2.5 20 世纪 90 年代的 ERP 阶段

20 世纪 80 年代 MRPⅡ主要面向企业内部制造资源全面计划管理的思想逐步发展为 90

年代怎样有效利用和管理企业整体资源的管理思想，ERP随之产生。ERP在MRPⅡ的基础上拓展了管理范围，重新构建新的结构，将企业的所有资源进行整合集成管理，围绕企业物流、资金流和信息流这三大主要流程进行全面一体化信息系统管理。ERP相较于MRPⅡ，在资源管理范围、生产方式管理、管理功能、事务处理控制、跨国（或地区）经营事务处理、计算机信息处理技术等方面进行了改进，区别如表1—10所示：

表1—10　ERP和MRPⅡ区别

区　别	内　容
（1）资源管理范围方面	MRPⅡ主要侧重对企业内部人、财、物等资源的管理。ERP系统在MRPⅡ的基础上拓展了管理范围，把客户需求和企业内部的制造活动，以及供应商的制造资源整合在一起，形成企业一个完整的供应链并对供应链上的所有环节如订单、采购、库存、计划、生产制造、质量控制、运输、分销、服务与维护、财务管理、人事管理、实验室管理、项目管理和配方管理等进行有效管理。
（2）生产方式管理方面	MRPⅡ系统把企业归类为几种典型的生产方式进行管理，如重复制造、批量生产、按订单生产、按订单装配和按库存生产等，对每一种类型都有一套管理标准。而在20世纪80年代末90年代初期，为了紧跟市场的变化，多品种、小批量生产以及看板式生产等是企业主要采用的生产方式，由单一的生产方式向混合型生产发展，ERP能很好地支持和管理混合型制造环境，满足了企业的这种多元化经营需求。
（3）管理功能方面	ERP除了MRPⅡ系统的制造、分销、财务管理功能外，还增加了支持整个供应链上物料流通体系中供产需各个环节之间的运输管理和仓库管理；支持生产保障体系的质量管理、实验室管理、设备维修和备品备件管理；支持对工作流（业务处理流程）的管理。
（4）事务处理控制方面	MRPⅡ通过计划的及时滚动来控制整个生产过程，它的实时性较差，一般只能实现事中控制。而ERP系统支持在线分析处理OLAP（Online Analytical Processing）、售后服务即质量反馈，强调企业的事前控制能力，它可以将设计、制造、销售、运输等通过集成并行地进行各种相关的作业，为企业提供了对质量、适应变化、客户满意和绩效等关键问题的实时分析能力。此外，在MRPⅡ中，财务系统只是一个信息的归结者，它的功能是将供、产、销中的数量信息转变为价值信息，是物流的价值反映，而ERP系统则将财务计划和价值控制功能集成到整个供应链上。
（5）跨国（或地区）经营事务处理方面	当前企业的发展使得企业内部各个组织单元之间、企业与外部的业务单元之间的协调变得越来越多和越来越重要，ERP系统应用完整的组织架构从而可以支持跨国经营的多国家（地区）、多工厂、多语种、多币制的应用需求。
（6）计算机信息处理技术方面	随着技术的飞速发展和网络通信技术的应用，ERP系统得以实现对整个供应链信息进行集成管理。ERP系统采用客户机/服务器（C/S）体系结构和分布式数据处理技术，支持Internet/intranet/Extranet、电子商务（E-business/E-commerce）、电子数据交换（ED），此外还能实现在不同平台上的互操作。

ERP应用成功的标志是：

（1）系统运行集成化，即软件的运作跨越多个部分；

（2）业务流程合理化，即各级业务部门根据完全优化后的流程重新构建；

（3）绩效监控动态化，即绩效系统能即时反馈以便纠正管理中存在的问题；

（4）管理改善持续化，即企业建立一个可以不断自我评价和不断改善管理的机制。

ERP已经成为当今企业管理方面的主流工具，它集信息技术与先进的管理思想于一体，帮助企业实现资源的合理配置，并最大化地创造社会财富，是企业在信息化时代生存和发展的得力助手。

下面，我们通过图 1－6 对 ERP 的演进历程进行简要梳理：

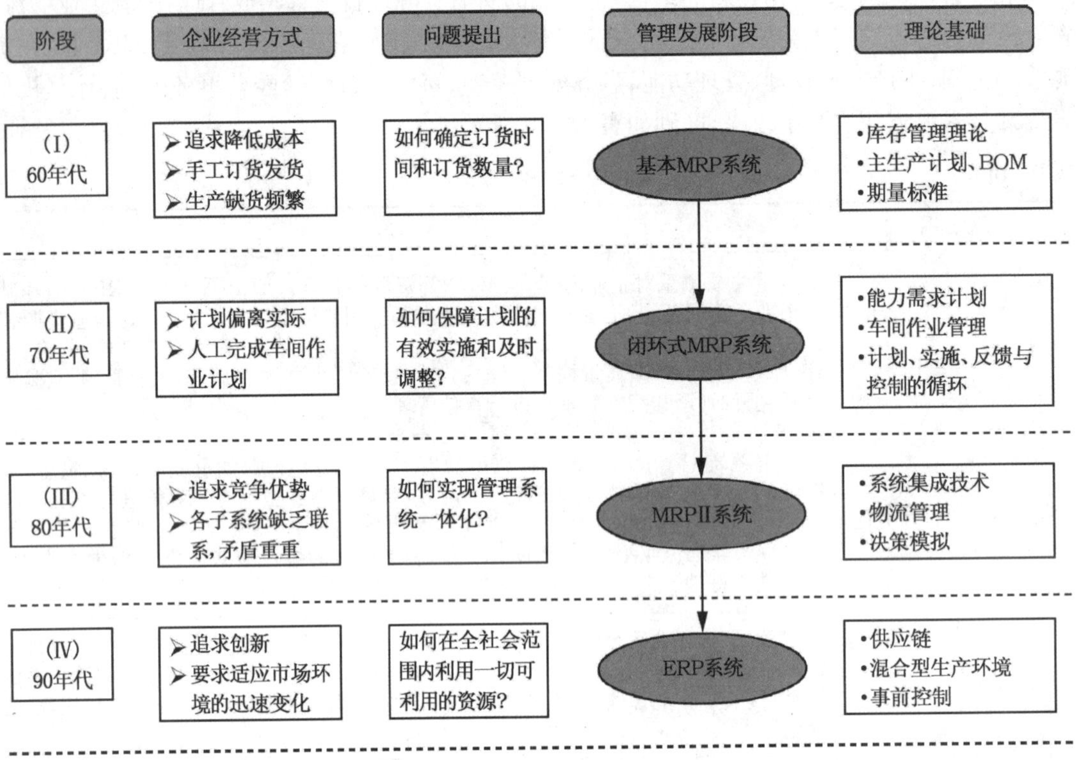

图 1－6　ERP 演进阶段

进入 21 世纪后，随着管理思想的日益成熟和人们对 ERP 认识的不断加深，企业实施 ERP 变得更加理智和具有前瞻性，除了考量 ERP 的功能，更多地会思考如何更好地发挥 ERP 的作用，ERP 正向更加理性的“后 ERP 时代”过渡。

“后 ERP 时代”，云计算、SOA(Service-Oriented Architecture，面向服务架构)、商业智能 BI(Business Intelligence)等新一代信息技术加速 ERP 的发展。后 ERP 主要由两大部分组成：其一是企业构架，如业务流程管理、商业智能、用户体验和基础设施；其二如创新、销售与营销、按需交付和服务，两部分相互联系。企业需要对业务流程进行投资，从而实现盈利并有助于自身获得持久竞争优势，同时企业需要实施以 SOA 为基础的构架，使业务流程更加灵活，周转速度更快，并保持较低的经营成本。

后 ERP 战略将使企业获得更大的优势，提高其 ERP 投资价值，增强获取新功能的能力，进而有效支持企业战略经营需求。后 ERP 以一种模块化和灵活的方式为企业经营带来价值，同时创建可持续的差异化优势，将数据转换为有效的洞察力，增强决策能力，降低运营成本和风险。

第2章　认识ERP沙盘模拟实训课程

2.1　ERP沙盘模拟与沙盘模拟实训课程

2.1.1　ERP沙盘模拟

欧洲16世纪科学研究方法的突破归因于科学技术的大发展。弗兰西斯·培根(Francis Bacon)和笛卡尔(René Descartes)对形成较完整的科学新思想作出了重要的贡献,培根在《Novum Organum 新工具》一书中提出归纳、分析、比较、观察和实验的理性方法(即称为"工具论"的科学思想),笛卡尔提出推理、演绎和引入数学计算的研究方法,两者相结合开辟了人类科学研究的新途径,导致工业革命的发生和发展,进而改变了人类的生产和生活方式。

然而,科学技术的这种研究方法在社会科学和经营管理面前却黯然失色。社会经济中存在的复杂性和随机性使得社会经济系统不具备重复性,正如古希腊哲学家亚里士多德(Aristotle)所说"你永远不可能跨过一条相同的'历史长河'"。社会经济所具有的不重复性也使得其研究不能进行验证性实验,因此,社会经济学科的研究和学习往往需借助理解、领悟、阐释、评价的方法,即直觉领悟与技术分析相结合的方法,同样地对企业管理的研究和学习也需借助理解、阐述、觉悟、定性分析与定量分析相结合的方法,沙盘就是基于领悟和技术分析相结合的方法之一。

图2－1描述的是我们日常生活中常见的两种情形,这种展示方式可称为"沙盘"展示。

什么是"沙盘"(sand table)呢?

"沙盘"一词源于军事学,是军事战争中一种战地指挥工具,主要借助各种沙盘模型来模拟战地的地形及武器装备的布置情况。通过这些实物模型,指挥员无需亲临现场,即可直观地了解整个战场的全貌,对战局了然于胸,并迅速制定出有效的作战计划。这种根据地形图、航空相片或实地地形,按一定的比例关系,用泥沙、兵棋和其他材料堆制的模型就是沙盘。同样地,沙盘也应用于现实生活中的真实地形、地貌和布局,如房地产开发商制作的小区布局沙盘,给客户展示楼盘规划进行房屋出售,计划决策者和工程技术人员青睐的制作经济发展规划和大

图 2—1　沙盘展示

型工程建设的模型等。总而言之，沙盘按比例缩小在几平方米的空间中，让使用者不必亲临现场，就可以对所关注的位置了然于胸，且能从宏观角度全面审视、度量自身所处的环境局面，从而运筹帷幄、决胜千里。

沙盘应用记载可追溯至《后汉书・马援传》，其中记载：汉建武八年（公元32年），光武帝征伐天水、武都一带的地方豪强，大将马援"聚米为山谷，指画形势"，使光武帝顿有"虏在吾目中矣"的感觉，这开创了我国战争史上运用沙盘研究战术的先河。战争沙盘模拟推演在世界各国普遍运用，其跨越了通过实际军队演练检验的巨大成本障碍和时空限制，尤其在重大战争战役中（如在第二次世界大战中）其实际演示效果发挥到了极致。

商场如战场，借鉴沙盘推演在军事上的成功经验，当今社会人们开发了企业管理沙盘。ERP沙盘（企业管理沙盘）就是类似于图2—1描绘的军事作战指挥沙盘和现在房地产开发商销售楼盘时的小区规划沙盘。沙盘模拟企业经营就是利用沙盘理念，采用哈佛大学的沙盘情景教学模式来展示企业经营和管理的全过程。模拟通常将学员按3～5人分成学习小组，并将其假定为一家企业，同时对企业的主要部门和工作对象制作成类似的实物模型，将企业运行过程设计为运作规则，然后在指定的模拟性管理情景与条件下模拟企业的经营过程、演习各种管理活动。

ERP沙盘模拟把企业经营的关键环节，如战略规划、资金筹集、市场营销、产品研发、生产组织、物资采购、设备投资与改造、财务核算与管理、企业信息化建设等部分设计为可视的实体模型，用于模拟企业运营，具有简单、直观的特点。通过ERP沙盘既可以展示企业的主要物质资源，如厂房、设备、仓库、库存材料、资金、人员、订单、合同等各种内部资源；还可以展示企业上下游的供应商、客户和其他合作组织，甚至为企业提供各种服务的政府管理部门和社会服务部门等外部资源。一般来说，ERP沙盘重点展示的是企业内部资源。

沙盘的表现形式有两种，我们用表2—1描述：

表 2—1　　沙盘类型

类　型	表现形式
物理沙盘	用物理模型或道具演示企业的整个运营过程，如货币、设备、厂房、原材料、产品等
电子沙盘	将整个企业经营过程搬到虚拟的世界中实现，在计算机上完成模拟经营过程，如用计算机里的虚拟数字代替货币、设备、厂房、原材料、产品等，用计算机网络之间的数字交换代替企业和企业之间及企业和供应商、客户之间的贸易或买卖过程

ERP 沙盘模拟强调管理情景与条件的模拟，强调业务过程的重复模仿运行，受训者在模仿过程中领会和掌握管理业务过程的知识，其主要思想如表 2—2 所示：

表 2—2　　ERP 沙盘模拟主要思想

思　想	理　解
(1)业务过程构建	企业是一个复杂的社会经济系统，具有多个部门的组织架构、烦琐交织的业务流程、层层相关的职责和职务，显然不可能将所有这些方方面面都模仿出来。企业管理模拟需要的是将主要的业务运作流程、主要组织结构框架和主要人员的职责表现出来，包括资金运转过程、物资采购过程、生产计划过程、销售过程、市场营销过程以及伴随的信息处理过程。模拟中需解决企业系统是由哪些主要过程组成，每个过程的输入输出功能，以及过程之间输入输出的关系，并将企业经营管理过程中资金、物质、信息的流转过程、处理过程表现出来，进而通过对这些过程的模拟来体现企业的经营管理过程。
(2)角色扮演	企业的每个部门都有自己的职能，需要该部门相关人员的职责来实现。企业管理模拟让学习者扮演企业部门的某一个职位(角色)，按照该职位的职责要求，学习者通过扮演角色体会企业各个部门、人员之间的关系和运转过程，体验企业管理决策过程，掌握企业经营管理的知识，提高经营管理能力。
(3)市场环境仿真	在市场经济环境下，市场的地位和作用毋庸置疑。企业都是在市场竞争的环境下生存和发展的。要完成企业管理，必须要模拟市场的支撑。模拟的市场环境需要：①实现竞争，让学习者在竞争的市场环境下运作自己的模拟企业，同时一家模拟企业的经营行为会影响另外的模拟企业，这种博弈关系往往是你盈我亏或者是我盈他亏；②体现产品的生命周期规律，使用市场需求体现产品的不同生命周期，同时产品质量、功能还需要在价格、需求量上有所体现，模拟实际市场产品的竞争态势；③市场营销战略，不同的市场营销战略会得到不同的市场地位，市场营销战略体现在目标市场的定位、市场推广方案，以及对应的市场竞争地位和经营成果上。企业管理模拟需要实现这些要求。
(4)竞争决策	企业管理模拟的精髓就是经营过程中决策的多样性选择以及对应的经营成果。学习者在生产战略、产品开发方案、目标市场定位、市场营销推广和财务战略上采用不同的方案，可以组合形成多种决策方案，产生完全不同的经营绩效。学习者通过对这些方案和经营绩效的思考，可以体会经营管理决策的微妙，学习到成功企业经营决策的经验，进而提高经营管理能力。
(5)模拟成果评价	不同的经营决策对应的是完全不同的经营绩效。通过分析其原因，可以让学习者不仅知其然，而且知其所以然，达到举一反三的效果。

2.1.2　ERP 沙盘模拟实训课程

国内外许多院校、教育专家都在努力创新教学理论、教学模式和教学方法，充分整合教学资源，20 世纪 50 年代源自国外的一种极受欢迎的全新教学方式——“情景式”“体验式”“互动式”沙盘对抗教学，集知识性、趣味性、对抗性于一体，是继传统教学及案例教学之后的一种全新教学创新。

沙盘教学的展开是针对一个模拟企业来理解和领悟企业经营管理过程，把企业运营所处的内外部环境定义为一系列规则，由受训者组成几个相互竞争的模拟企业，通过模拟企业几年的经营，使受训者在分析市场、制订战略、营销策划、组织生产、财务管理等一系列活动中，达到企业以销定产、以产定料、以料定需来驱动资金的良性循环，从而不断地压缩企业投资规模，加快资金周转，修正日常运作的偏差，进而参悟科学的管理规律，全面提升管理能力。在实际的模拟竞争环境中，受训者亲身实践并体验企业经营管理过程，感受真实的市场环境，把所学的专业知识和经验与实际存在的问题紧密联系起来，全面激发受训者的学习兴趣和创新思维。模拟过程中能看到激烈的市场竞争、密切合作的职能部门、全新掌握的迅速应用的经营理念和高度配合的团队，获胜者会总结和分享经验，失败者即使失败也不会给企业和个人带来任何损失，只会在遗憾中更好地进行总结和反思。沙盘教学方式开展后，当时的 Motorola、IBM 等跨国公司也经常采用这种新颖的培训方式上课，专家首先讲授企业管理中诸如市场营销、财务管理、信息技术、人力资源管理、战略管理等的相关理论和主要内容，然后把培训人员分成若干组进行企业竞争模拟。

沙盘模拟课程由瑞典皇家工学院的 Klas Mellan 于 1978 年开发，主要针对非财会人员进行财会培训。当前 ERP 沙盘模拟课程被世界 500 强企业作为中高层管理者的必修培训课程之一，也被欧美的商学院作为 EMBA 的培训课程。

20 世纪 80 年代初期，该课程被引入我国并推广到高等院校的 MBA 教学中。现在，大多数院校（高等院校和中职院校）均开设了 ERP 沙盘模拟课程，实践性教学效果好，受到师生的广泛关注和认同。

1996 年，一共有 96 只参赛队伍参与的国际企业管理挑战赛中国大陆赛区比赛吸引了包含大多数提供 MBA 学位教育的国内著名管理学院，比赛从美国、加拿大、德国、日本等国家引进一些模拟软件，但是这些英文界面的模拟软件在中国应用有很大的局限性。因此，北京大学从 1995 年开始研发中文界面的模拟软件，后来几经改进，在 2003 年全国 MBA 培养院校企业竞争模拟比赛中使用了此软件，吸引 112 个队报名参赛。

计算机模拟有一些局限性，多数情况下是人机对话，软件按照输入的经营指标计算出各公司的经营业绩并进行排序，互动性有限，也不方便教师即时点评，有“机上谈兵”的味道。为了弥补计算机模拟空洞、过于抽象的缺点，随后开发了一系列使用道具的企业管理模拟工具，也正是现在 ERP 教学中广泛采用的沙盘教具，如用友 ERP 模拟沙盘和金蝶模拟沙盘，进一步完备了企业管理模拟，给企业管理模拟带来了更真实的感受。其后，沙盘模拟在物理沙盘和电子沙盘的应用下不断进行更新升级。ERP 沙盘模拟重要事件可概括成表 2－3：

表 2－3　　ERP 沙盘实训事件概览

时　间	事　件
20 世纪 50 年代	企业经营管理培训（哈佛大学、Motorola、IBM）
1978 年	瑞典皇家工学院针对非财会人员进行财会培训
20 世纪 80 年代	中国高等院校 MBA 教学
1996 年	国际企业管理挑战赛中国赛区使用国外英文界面 ERP 软件
2003 年	(1)北京大学开发中文界面 ERP 软件用于全国 MBA 培养院校企业竞争模拟比赛 (2)用友开发 ERP 物理沙盘用于教学
2005 年	用友举办全国大学生第一届 ERP 沙盘模拟经营大赛
2007～2017 年	用友推出“创业者”电子沙盘——“商战”电子沙盘——新商战 App——“约创”云平台

通过上述对 ERP 沙盘实训的认识和理解，我们这样界定“ERP 沙盘模拟实训课程”：ERP 沙盘模拟实训课程基于仿真企业环境构建，通过可视化模型展示模拟真实企业的生产经营活动，并将实物沙盘和 ERP 管理软件全面结合运用，在模拟运营中运用 ERP 管理思想和理念，以企业业务流程为主线，对人、财、物等资源进行全面整合，实现物流、信息流和资金流的有机

统一，全面领会企业管理经营中战略管理、市场营销、产品研发、生产组织、物资采购、设备投资与改造、会计核算与财务管理等知识。实训课程涉及企业整体运营过程，通过实训，学生能全面地了解企业生产经营的各个环节，有助于他们感受企业运营的规律，感悟经营管理真谛。

实训模拟中，每个企业将在客户市场资源及利润等方面进行一场真正的较量。这种模拟行为有助于学生形成宏观规划、战略布局的思维模式，且随着模拟经营的步步深入，学生会逐渐面临多方面的激烈挑战，如风险无处不在的市场、产品定位的选择、生产时序优先安排的决策、市场信息的综合分析决策、参与市场竞标的策略选择、资源配置与规模发展的平衡、适应变化的财务方案等，每项独立的决策似乎容易做出，但是当它们综合在一起时，许多不同的选择方案将自然产生，需要学生根据企业自身的状况作出决策。

实训模拟中，学生亲身体验企业的运营过程，理解各职能部门应掌握何种信息与工具，学会如何通过团队合作获得成功。通过这一平台，小组成员对企业业务达成一致的理性及感性认识，形成共通的思维模式，达成促进沟通的共同语言。

每一经营年度结束后，各小组成员都会对公司当年业绩进行综述与分析，发现公司战略和决策的成功与步骤，以便在下一年度中进行调整与改进，在多轮次的模拟实训中获得提升自己综合管理的能力。同时，在这一过程中将应用各种分析工具，如损益平衡表、收入报表、现金流量预测、预算及差异校准、生产计划与物料需求计划、竞争对手分析、市场分析、盈亏分析、比率分析等，内容涉及整体战略、产品研发、生产排程、市场与销售、财务、团队沟通与建设等多个方面，所有的工具都对竞争的结果有直接的影响，与真实商战并无太大差异。这样的模拟实训具有令人兴奋的驱动力，又真实地反映了“决策是如何影响结果的”，通过对课程的学习可以帮助学生更好地领会和掌握企业战略、与企业经营相关的知识，提高经营管理能力，获得启发。ERP 实训课程学习收获如表 2—4 所示。

表 2—4　　ERP 实训课程学习收获

收获	(1)亲身体验企业经营管理的完整流程，包括物流、资金流、信息流、分工合作、知识管理、技能培训等
	(2)认知企业现金流控制的重要性，了解企业财务管理流程、投融资能力、资产回报率、权益回报率、速动比率等因素对绩效考核的作用
	(3)掌握企业在获得订单、原材料采购、生产、库存、销售等物流管理中相互协调以及产销排程、成本控制、JIT(看板管理)等理论和方法
	(4)理解国际化进程、营销战略、需求预测、竞争环境的重要性，找准市场切入点，合理投资，重视信息流对决策的关键作用，深刻剖析竞争对手，做到出其不意、攻其不备
	(5)对课程进行总结和反思：将所有参与者的实际经营决策行为及相关操作数据进行动态分析，总结成功规律，分析查找失败原因

2.2　ERP 沙盘模拟实训课程目的、意义与要求

2.2.1　ERP 沙盘模拟实训课程目的

人们普遍认为，企业管理者需要具备两类知识：(1)言传性知识，即可以通过语音或文字来传递的知识；(2)意会性知识，即只能通过实践来领悟的知识。传统管理教学手段大多只能提

供言传性知识，企业经营管理课程教学侧重于利用文字或语言来传递言传性知识，忽略了意会性知识的培养。然而，社会需要管理者掌握更多的综合知识，尤其是意会性知识，这样更能满足现代企业经营管理人才的培养需求。ERP沙盘模拟课程开发正是基于这一点，弥补传统企业经营管理课程在意会性知识培养方面的不足。

企业沙盘模拟经营实训课程是全面提升经济管理类专业学生综合实践素质的首要选择，课程集团队合作、角色扮演、案例分析和专家诊断于一体，改变了传统教学的"满堂灌""填鸭式"方式，积极倡导"案例式""探究式"，尤其是"体验式"教学方式，使教学内容更贴近生产实践，以激发学生的学习热情。

不同层次院校经济管理类人才培养目标不同，应用型本科人才的培养应围绕技能型、应用型和复合型展开，因为经济管理专业的实践性、操作性决定了其专业学生素质的培养不能只停留在理论分析或是案例分析阶段，学生必须具备实战技能。由于学生不能直接到真实企业中去进行管理角色的体验，他们在这方面素质的提升就有赖于虚拟企业运营这一较为成熟的做法，而ERP沙盘推演、沙盘对抗则较好地承担了这一功能，在"做"的过程中领悟企业管理者所应该掌握的意会性知识。美国缅因州国家训练实验室提出的学习金字塔理论认为：让学生主动去实践，积极地去解决出现的问题，在"做"的过程中去学习是一种非常有效的学习手段，学习的内容留存率也最高。

在直观的沙盘模拟企业实际运行中，学生能通过游戏的训练体验完整的企业经营过程，把企业经营的理论和方法与实践操作紧密地结合在一起，在全面学习、掌握经济管理和财务知识的同时，又可身临其境地真正感受企业在直面市场时的精彩和残酷，学会承担责任和风险，通过体验能充分调动学生自主学习的能动性和创造性，提高其经营管理素质和综合能力。同时在实训模拟过程中，强化了学生的管理知识，整合并拓展其知识体系，进一步提升其管理技能。课程要求学生将战略管理、营销管理、财务管理、生产管理、物流管理的思想运用到企业模拟对抗中，让学生在实践模拟对抗中分析规律、制订策略、实施全面管理，在各种决策的成功和失败的体验中学习管理知识、掌握管理技巧、提高管理素质及综合运用知识的能力；让学生在模拟中承担经营风险与责任，真切感受到市场竞争的精彩与残酷，深入理解各种管理思想、ERP理念对企业管理问题的解决之道，全面提高学生的双赢理念、团队精神、诚信观念等综合素质，可概括为：其一，激发学生的实践潜质，提升创新能力，促进学生就业、创业；其二，以赛促建，以赛促学，提高教师实践教学环节的综合水平；其三，体验式教学模式给学生提供了一个实践操作平台，激发了学生的学习激情，增强了学生的全局观念及锻炼了规划能力，深层次培养了学生的综合应用与实践能力。

2.2.2 ERP沙盘模拟实训课程意义

ERP沙盘模拟对抗实训课程借助沙盘模具基本再现了生产型企业经营管理的过程，将企业的主要部门和工作对象制作成物理或电子虚拟模型，将企业经营过程设计为一系列简化规则，让学生分别担任企业总经理、财务总监、市场总监、生产总监、采购总监等职务，通过学生参与→物理或电子沙盘→模拟经营→对抗演练→教师评析→学生感悟等实训环境，体现融理论与实践为一体、集角色扮演与岗位体验于一身的设计思想，将"生产制造企业"搬进课堂。

ERP沙盘模拟课程的开设改变了传统教学中的师生关系，是一种"体验式""互动式""趣味性"等全新的教学手段和方法应用的教学，对于学生而言：学生不再是被动地接受知识，而是作为课堂教学活动的主体，通过亲身体验，真实感受一个企业经营者直面市场竞争的精彩与残酷，利用一系列动态案例的连续不断分析与决策来获得知识，并进行有决策的结果反馈，学会承担经营的风险与责任，做到主动地分析、思考并解决所面临的问题，对学生寻找职业兴趣点有很大的帮助，有助于学生理论联系实际，在企业模拟中使理论和知识得到实践，使决策更具有明确性，同时有利于教师指导，并由此综合提升学生经营管理的素质和能力。对教师而言：教师不再仅仅是知识的讲授者，而是成为学生自主学习的引导者，这是针对传统教学方法的创新改革，也顺应了现在创新创业浪潮的发展。

当然不可否认的是 ERP 沙盘模拟与现实经营并不完全是一回事，我们不能一味地苛求 ERP 沙盘和现实企业经营完全相符，这样反而不利于对企业经营全局的认识和把握。ERP 沙盘模拟在某些处理环节（如账务、税收、报表等）是高度简化甚至有所变通的，与现实规范不符，但只要其处理方法在逻辑上成立就无须指摘。这和地理沙盘是一个道理，如果一味地要求与实际的地形地貌完全相符，只能导致使用者看不清主要地点之间的位置关系，只要熟悉掌握处理问题的思维角度、处理问题的方法科学、合理即可。在实训课程中，要把握住主次问题，而不是钻牛角尖。

在此借用华北电力大学刘树良老师的知识立方体图（见图 2－2）说明 ERP 沙盘模拟的意义，通过知识宽度、实践性和管理层次三个维度将人才分成两大类八种，介绍如下：

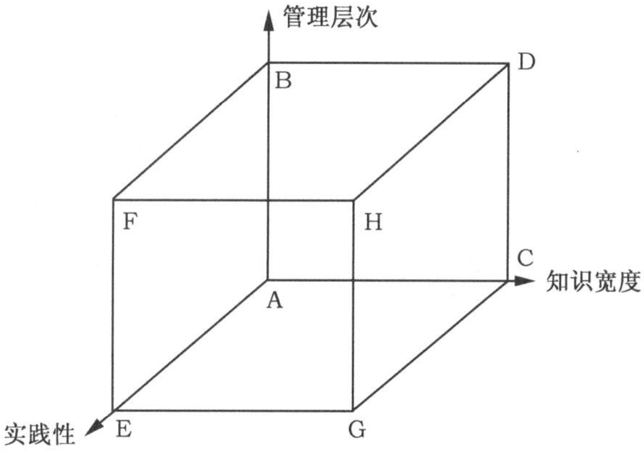

图 2－2　知识立方体图

言传性知识为主：

A. 专—理—低　低层次专家

B. 专—理—高　学术专家

C. 宽—理—低　低层次杂家

D. 宽—理—高　学术权威

意会性知识为主：

A. 专—实—低　低层次职能人员

B. 专—实—高　高层次职能人员

C. 宽—实—低　小企业经理

D. 宽—实—高　高层次经营管理者

作为一种体验式教学，ERP 沙盘模拟融团队合作、角色扮演、案例分析和专家诊断于一体，学生能站在最高层领导的位置来分析、处理企业面对的战略制定、组织生产、整体营销和财务结算等一系列问题，亲身体验企业经营过程中的“酸、甜、苦、辣”，在“做”的过程中领悟企业高层管理者所应掌握的“意会性知识”。图 2—3 所示的美国缅因州国家训练实验室提出的“学习金字塔”理论认为：学生能够使用课本知识，“做中学”是一种非常有效的学习手段，两周后平均学习保持率高达 75%。

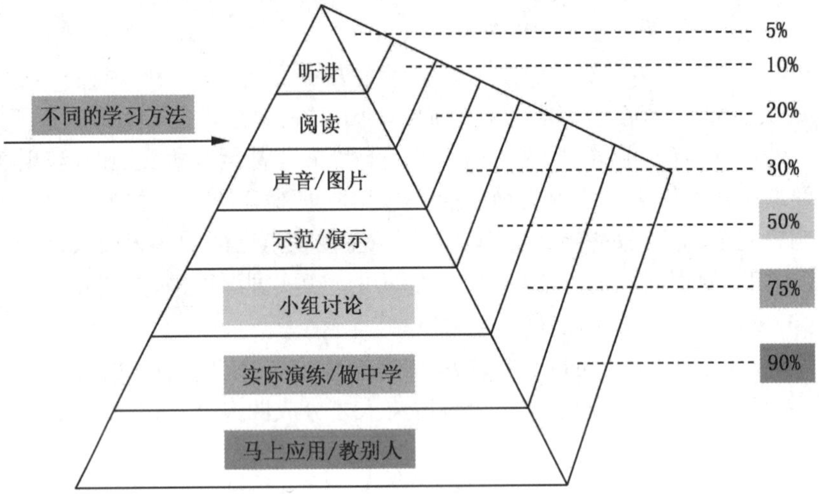

图 2—3 “学习金字塔”理论

案例教学是经济管理类专业教学中较为常用的教学方式。案例教学中学生通过各抒己见来相互学习、借鉴，通过一个个静态案例的多种分析与决策方案的比较来获得知识。相较于案例教学，ERP 沙盘模拟是通过亲身体验来学习的，通过对一系列动态案例的连续不断的分析与决策过程来获得知识，有结果的反馈。ERP 沙盘模拟属于一种综合训练，融合战略管理、市场营销、生产管理、物流管理及财务会计等课程知识，学生可以将所学的各种知识应用到经营过程中，从而获得综合能力的提升。

ERP 沙盘模拟也可以作为一种人才选拔的手段。企业在选拔经营管理人才时可通过应征者在参与模拟活动中的表现来确定适合的人选，如中央电视台“赢在中国”节目正是应用沙盘模拟作为一个环节来选拔创业人才的。

2.2.3 ERP 沙盘模拟实训课程要求

为了使得实训课程顺利、有效进行，应遵循一系列要求，如表 2—5 所示：

表 2—5 ERP 沙盘实训要求

实训阶段	角 色	要 求
实训前	教师	(1)ERP 沙盘实训教学大纲 (2)实训教学日历 (3)蓝墨云/学习通发布学习资源
	学生	(1)预习教材相关内容，明确实训目的、内容和相关要求，确保实训效果 (2)通过实训检验综合运用各学科知识的能力，提高解决实际问题的水平，做好知识储备，另见表 2—6

续表

实训阶段	角　色	要　求
实训中	教师	实训过程控制
	助教	协助教师/裁判进行 6 年经营操作
	学生	(1)熟知规则,做好经营规划,并能灵活运用这些规则以提高经营决策水平 (2)树立端正的实训态度和培养良好的团队精神,担任公司中的 6 个重要职位(总经理、财务总监、营销总监、生产总监、采购总监、人力资源总监)的人员必须团结协作,各司其职 (3)遵守实训纪律,保证按时出勤,遵循练习规则,不违规操作,并完成相关任务 (4)尊重裁判,尊重对手 (5)填写各自角色的表格,做好实训记录,认真记录实训过程、内容及心得,为撰写实训报告做好准备工作 (6)严格遵守实训教室的相关规定,保持实训场所的整洁、干净,不损坏实训的相关设备、设施
实训后	教师	(1)总结点评 (2)分析课程目标达成度 (3)评价课程目标达成度
	学生	(1)反思和总结 (2)撰写小组实训报告(CEO)及个人实训报告(除 CEO 外各角色),字数分别不少于 3 000 字和 2 000 字,全体成员参加实训总结大会,每个小组对实训进行总结陈述 (3)严格遵守实训教室的相关规定,保持实训场所整洁、干净,不带走实训的相关设备、设施

表 2—6　　ERP 沙盘实训知识储备

知　识	理　解
战略管理知识	成功的企业一定有着明确的企业战略,包括战略的管理过程分析、核心竞争力分析和企业综合能力管理。从最初的战略制订到最后的战略目标达成,经过不断的模拟学会用战略的眼光看待企业的业务和经营,保证业务与战略一致,在未来的工作中更多地获取战略性成功
营销管理知识	主要包括市场分析与决策、产品组合与市场定位、竞标和投标策略制定、营销策略制定等。市场营销是为了实现企业目标,建立和保持与市场之间互利的交换关系。营销管理的实质是需求的管理,即要管理企业的所有行为、所有资源,满足客户的需求。在 ERP 沙盘模拟过程中,学生将学会如何分析市场,关注竞争对手,把握消费需求,制定营销战略,定位目标市场,制定并有效实施销售计划,最终实现企业战略目标
生产管理知识	生产管理即生产控制,是对企业生产系统的设置和执行的各项管理工作的总称。在 ERP 沙盘模拟中,学生需要对企业开展生产计划、生产组织和生产控制的管理工作,把企业的采购管理、生产管理、质量管理统一纳入生产管理领域,最终达到投入少、产出多的管理目标,有效管理生产过程,从而提高企业的整体竞争力
财务管理知识	在 ERP 沙盘模拟过程中,将掌握经营、筹资、投资的管理:在一定的整体目标下,对于管理资产的购置(投资)、资本的融通(筹资)和经营中现金流量(营运资金)以及利润分配的管理;制定财务制度与进行风险管理,进行财务分析与协助决策,从而把控企业经营的全局
信息管理知识	在 ERP 沙盘模拟中,学生要对信息资源和信息活动进行管理。信息管理是指在整个管理过程中收集、加工和输入、输出信息的总称。信息管理的过程包括信息收集、信息传输、信息加工和信息储存,运行中需时刻跟踪企业的运行状况,对企业业务运行过程进行控制和监督,及时为企业管理者提供丰富的可用信息

2.3 ERP沙盘模拟实训课程在管理学科体系中的地位及意义

ERP沙盘模拟课程弥补了传统教学模式中理论与实践相脱节的不足,教学中融理论与实践于一体、集角色扮演与职位体验于一身,模拟中学生将经历一个从理论到实践再到理论的上升过程,把自己亲身经历的宝贵实践经验转化为全面的理论模型,强化学生对课堂所讲授的管理知识、训练管理技能的真正理解和吸收。学生通过角色扮演和体验,在相互配合和共同努力下完成知识从理性到感性,再从感性到理性的循环转化。

ERP沙盘模拟是一门综合性非常强的实训课程,其内容涵盖管理学科的所有主干课程,其关系可以简单地用图2—4表示:

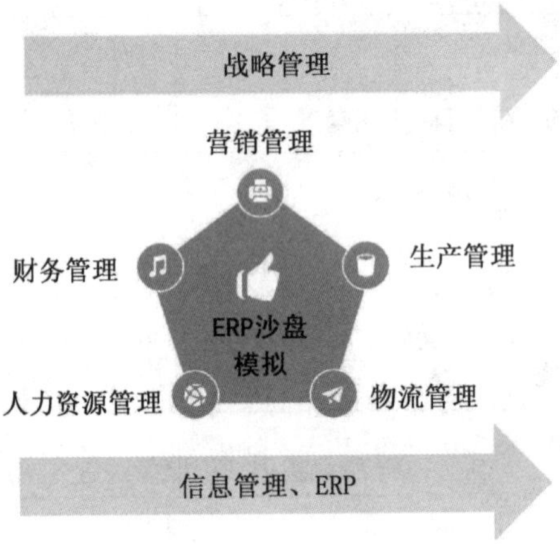

图2—4 ERP沙盘模拟与相关课程关系

表2—7概括了ERP沙盘模拟与相关课程关联的主要知识点:

表2—7 ERP沙盘模拟涉及的主要知识点

项目	内容
战略管理	企业环境分析、SWOT分析、BCG分析、平衡计分卡
营销管理	市场开拓、广告投放、营销组合、竞争对手分析、市场机会发现、产品组合、产品生命周期理论
财务管理	会计核算、投资策略、融资策略、现金预算,如杜邦分析、盈亏平衡分析、全成本核算
生产与物流管理	生产计划、设备管理、质量认证体系、产销排程、库存管理、JIT、采购管理
人力资源管理	团队建设、岗位考核、团队合作
信息管理、ERP	系统观、信息集成、信息化工具应用

可见,ERP沙盘模拟涵盖了管理学科主干课程及重要知识点,是对传统课堂教学的有益补充和完善。ERP沙盘实训课程的价值体现在:

1. 直观可视,操作性强,进一步完善了管理学科实践教学体系,实现由感性到理性的飞跃

ERP沙盘实训可透视企业经营的本质,通过建立体系完备、模拟仿真的实践教学体系以

增强学生理论联系实际的能力、工作适应能力和动手实践能力，将企业结构和管理的操作全部展示在模拟沙盘上，并能把复杂、抽象的经营管理理论以最直观的方式让学生体验和学习。这种完整、生动的视觉享受能极为有效地激发学生的学习兴趣，增强学习效果。课程结束后，学生对所学的内容理解更透彻，记忆也更深刻，同时能把日常学习中尚存疑问的决策在课程模拟实训中得以印证，实训中学生有充分的自由来尝试企业经营的重大决策，能够直接看到结果，而在现实工作中他们可能在相当长的时间里都没有这样的体验机会。

ERP 沙盘模拟实训进一步完善了管理学科的实践教学体系，如图 2—5 所示：

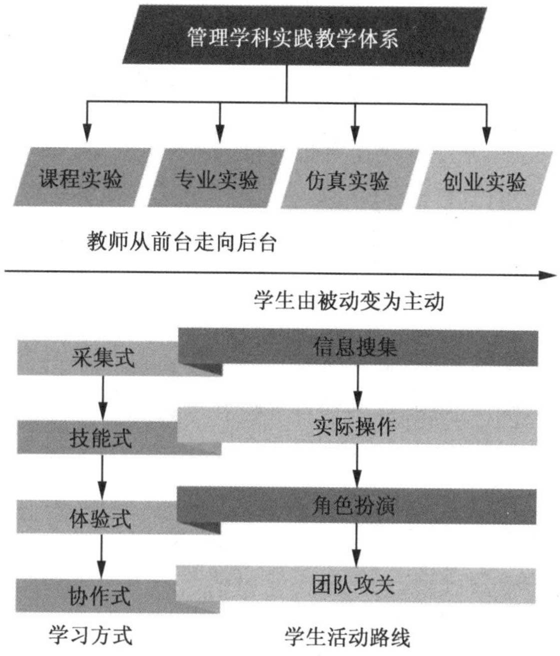

图 2—5　管理学科实践教学体系

在沙盘模拟实训过程中，学生经历了一个从理论到实践再到理论的上升过程，把自己亲身经历的宝贵经验转化为全面的理论模型，每次基于现场的案例分析及基于数据分析的企业诊断，都达到了磨炼商业决策敏感度、提升决策能力及长期规划能力的目的。

2. 培养学生的基本素质，拓展学生的知识体系，提升学生的管理技能

ERP 沙盘模拟课程中对“游戏规则”的遵守就是诚信的体现，具体表现为市场竞争规则、产能计算规则、生产设备购置以及转产等具体业务的处理。诚信是一个企业的立足之本、发展之根，保持诚信是学生立足社会、发展自我的基本素质。沙盘模拟实训对学生知识体系的拓展、管理技能的提升有很大的帮助，可概括如下：①统观全局和系统思考的能力。能从整体上理解公司的经营机制及各种决策对公司经营产生的后果，理解市场导向基础上的战略管理，理解公司战略如何有效地落实与执行，掌握制定决策的各种方法和技巧，提高经营决策效果。②沟通和决策能力。树立明确的市场竞争观念，建立公司管理层团队的共识力，加强企业竞争情报的搜集，理解外部信息的重要作用，提高利用信息进行预测和决策的能力，加强沟通，掌握制定决策的各种方法和技巧，提高经营决策能力。③学会使用各种分析工具的能力。能诊断企业的经营状态，控制企业的经营风险。

3. 全面提高学生的综合素质

(1)树立共赢共生共创理念:市场竞争是激烈的,也是不可避免的,但是竞争并不意味着你死我活,寻求与合作者之间的双赢、共赢才是企业发展、共同成长的长久之道。这就要求企业能知彼知己,在市场分析、竞争对手上做功课,在竞争中寻求合作,这样企业才会有无限的发展机遇。

(2)构建全局观念与团队合作意识:每一个角色都要以企业总体最优为出发点,各司其职、相互协作,才能赢得竞争,实现目标。通过对 ERP 沙盘模拟课程的学习,学生可以在繁杂的经营过程中深刻体会团队协作精神的重要性,在企业运营中,没有良好的协作分工就很难做出周全的决策。企业中每一个角色间的有效沟通均要以企业总体利益最优为出发点,这样才能赢得竞争,实现目标。

(3)明确个性与职业定位:在沙盘模拟实训过程中,不同的公司表现出不同的特点,如有的公司积极进取、敢冒风险,有的公司稳扎稳打,有的则不知所措,每个个体的特征都会显现出来。虽然个性特点与胜任角色有一定的关联度,但在现实中更多的是需要大家"干一行,爱一行",个体因为拥有不同的个性而存在于社会之中,这种个性在 ERP 沙盘模拟对抗中都显露无遗。

(4)感悟人生:在残酷的市场竞争和企业经营的风险面前,是"轻言放弃"还是"坚持到底",这不仅是一个企业可能面临的问题,更是需要在人生中不断抉择的问题。经营自己的人生与经营一个企业具有一定的相通性,通过实训可以培养学生经历挫败的承受能力,收获成功背后的原因。

第3章　认识ERP沙盘模拟实训课程教学

3.1　ERP沙盘模拟实训课程教学组织

ERP沙盘模拟实训的“体验式”“互动式”教学虽然改变了传统的“满堂灌”教学方式，以学生为主体，充分调动了学生的主观能动性，但教师仍然是课堂教学的主导者、掌舵者和灵魂，教师的角色在实训的不同阶段不断地发生着变化。ERP沙盘课程教学对教师的综合素质能力要求较高，不仅要有综合知识，还需要很强的组织能力。教师不仅仅是规则的讲解者，更是学生的引导者。对于沙盘模拟的效果好坏、学生的收益大小，教师发挥着重要的作用。

教学活动中教师的主要任务包括：

(1)引导学生进行实训认知和角色定位；

(2)介绍实训模拟环境中企业的组织架构，并对各个组织的基本情况进行描述；

(3)讲解模拟企业(组织)的运营规则。

实训过程中教师充当裁判角色，主要是对企业经营过程中的规则进行确认；其次，教师在实训期间及实训总结中还充当分析家和评论家的角色，对各个企业(小组)的经营策略和绩效进行现场的案例解析。课程不同阶段教师所扮演的角色如表3－1所示：

表3－1　课程不同阶段教师所扮演的角色

<table>
<tr><th>课程阶段</th><th>具体任务</th><th>教师角色</th><th>学生角色</th></tr>
<tr><td>组织准备工作</td><td>分组</td><td rowspan="4">引导者</td><td>认领角色</td></tr>
<tr><td>基本情况描述</td><td>讲解</td><td rowspan="3">新任管理层</td></tr>
<tr><td>企业运营规则</td><td>讲解</td></tr>
<tr><td>初始状态设定</td><td>讲解并引导学生操作</td></tr>
</table>

续表

课程阶段	具体任务	教师角色	学生角色
企业经营模拟	战略制定	商务、媒体信息发布	角色扮演
	融资	股东、银行家	
	订单争取及交货	客户	
	购买原料及下订单	供应商	
	流程监督	审计	
	规则确认	裁判	
现场案例解析		评论家、分析家	

实训课程的教学组织可概括成表3—2：

表3—2　　课程实训组织简表

序　号	教学组织	具体内容
1	组建模拟企业	成立6～8组模拟竞争企业，每个企业6～10人
2	分配学生角色	明确企业主要的6个岗位角色，其余角色根据实际情况设定
3	描述基本情况	认识沙盘，了解市场预测，了解所接手企业的经营状况、各岗位角色需完成的表格
4	学习经营规则	掌握模拟企业经营系列规则
5	设定起始状态	设定各模拟企业市场竞争初始状态，使其处于同一竞争起点，均为一家已经经营3年的企业
6	预演企业经营	在教师指导下完成起始年运营
7	模拟企业实际经营	第1至第6年模拟运营(战略制定、融资、订单争取及交货、购买原料及下订单、流程监督、规则确认、关账等)
8	总结与点评	教师点评、各企业反思、体悟得失

3.1.1　组建模拟企业

ERP沙盘模拟由6～8家企业组成模拟的市场环境，可根据不同专业不同课堂的实际情况按照能力均衡的原则将参加课程学习的学生分为若干组，每个组6～10名学生，一个小组构成一个模拟企业。模拟企业成员确定以后，要求各企业注册公司名称，进行企业设计，包括设计企业名称、企业标识、经营理念等。

3.1.2　分配学生角色

ERP沙盘模拟经营实训是在模拟的市场环境中进行。模拟环境中的组织以离散型生产制造企业为中心，同时包括供应商、购买产品的客户企业及商业服务机构等组织。其中，生产制造企业以6人为一组进行模拟经营，学生可以根据自身的特点及爱好挑选适合自己的角色。6个角色设置为总经理(CEO)、财务总监(CFO)、营销总监、生产总监、采购总监和人力资源总监(CHO)。若企业人数超过6人，可以在某些重要岗位设置助理职位，如总经理助理(运营总监)、财务总监助理等。在课程开始时，要求各模拟企业根据成员的特点进行合理分工，每个学生都必须明确各自的岗位及职责。分组之后，每个小组的学生要全身心参与，以积极的心态相互介绍、充分沟通，在有限的时间内做到最大限度的深入了解。

每个角色的职责主要有：总经理——负责把握企业全局，制订发展战略和每年的运营目标；财务总监——负责掌管企业的现金流、合理配置资产和负债；营销总监——负责广告投放、产品订单的竞单选择和新市场开发、产品研发；生产总监——负责产品生产、生产线购置及处置决策；采购总监——负责下原材料订单、原料采购并配合组织生产；人力资源总监——负责考勤记录及小组获得奖励和惩罚记录。此外，生产制造企业外部的相关公司及商业服务机构主要是为配合生产制造企业开展相对完整的生产经营活动而设置的，它们的业务只是抽取了一部分与生产制造企业生产经营活动直接相关的业务，不如现实生产制造企业那样完整，所以组成外部相关企业及商业服务机构的学生人数可以根据不同部门（企业）业务需要而有所不同，多则 2 名，少则 1 名。

3.1.3　描述基本情况

ERP 沙盘实训是以实物沙盘为平台。实物沙盘是一家制造企业的缩影，它反映企业经营的过程和结果，具有直观、形象的特点，在学生进行模拟经营过程中具有不可替代的作用。实物沙盘由各种用于 ERP 沙盘模拟的实物道具组成，每个模拟企业都配备一套实物沙盘道具，包括一张系统盘面、不同颜色的原材料订单、现金币、小塑料桶、产品标识、生产线标识、生产资格证书、市场准入证书、ISO 资格认证证书等，简要说明如表 3—3 所示：

表 3—3　　用友 ERP 物理沙盘教具说明

序号	名　称	说　明
1	盘面	一张盘面表示一家企业，一般有 6～10 张，每张盘面包含营销与规划中心、生产中心、物流中心、财务中心
2	生产线标识	用于表示不同生产效能的四种类型的生产线——手工线（蓝色）、半自动线（深蓝色）、自动线（绿色）、柔性线（橘红色）
3	产品标识	用于表示盘面上每条生产线生产何种产品，具体有四种产品——P1、P2、P3、P4
4	产品订单	表示各企业从市场获得的 P1、P2、P3、P4 的产品订单，是产品进行销售的依据
5	原材料订单	表示各企业所订购的原材料，用于生产产品
6	灰币	用于表示金钱，一个币表示 100 万，一桶二十个，表示 2 000 万
7	彩币	分红、黄、蓝、绿四种颜色，表示原材料 R1、R2、R3、R4
8	空桶	用于盛装灰币或彩币，同时可表示原料订单、长期贷款或短期贷款
9	产品资格证	表示可以生产拥有 P1、P2、P3、P4 资格证的产品
10	市场准入证	表示该企业可以在拥有准入证市场（本地市场、区域市场、国内市场、亚洲市场、国际市场）投广告，获取订单
11	ISO 资格证	表示可以获取有 ISO 资格要求的订单，具体分为 ISO 9000 和 ISO 14000 两种

市场预测资料是模拟企业拟定经营战略、确定营销策略和广告策略的基本依据，各企业的总经理、营销总监、生产总监要认真分析各个市场、各个产品的市场需求数量以及产品的平均价格水平，以确定本企业的产品战略和选择目标市场。为了帮助学生在 ERP 沙盘模拟中更好地进行经营活动，学会制订各种企业计划，多数角色都为学生提供了几个实用的表格工具，如

广告报价表、企业产能表、生产计划表、原材料采购计划表和现金计划表等。运用这些实用表格，学生可以清楚地理解年度广告的投放、企业产能的计算方法、企业生产计划的主要内容、企业原材料采购计划的制订原理，以及企业现金计划的内容与方法，以便更好地开展企业经营，并能更好地理解相关的企业管理理论知识。

模拟经营所接手的公司是一个典型的离散型制造企业，创建已经有 3 年。在实训中，公司唯一的获利来源是销售产品，即通过出售每个企业年初所获得的产品订单。公司长期以来一直专注于某行业 P 产品的生产和经营，已经生产的 P1 产品在本地市场知名度很高，客户也很满意。公司拥有自己的厂房，厂房中安装了三条手工线和一条半自动线，均生产 P1 产品。生产线运行状态良好，但从历年的盈利情况分析，增长已经放缓。

企业管理层在生产投资、市场开拓等方面墨守成规，导致企业缺乏活力。股东大会从长远发展考虑，希望在市场占有率、产品、生产设施、盈利能力等方面有所发展，决定将企业交由一批新人去发展，希望新管理层能够把握机遇、投资新产品、开发新市场、扩大规模、采用现代化的生产手段带领企业实现腾飞。同时在新的领导团队产生之前，考虑到新人缺乏经验，决定由原 CEO 带领新管理层经营一年，为将来新管理层独立经营打下良好的基础。

3.1.4 学习经营规则

ERP 沙盘模拟有一整套经营规则，包括生产规则、研发规则、市场规则、融资规则等，涵盖市场划分与准入、选单、生产线与厂房、融资、原料、产品、ISO。它们是模拟企业开展具体业务活动的约束条件，是模拟企业进行市场竞争和经营必须遵守的行为规范。所有学生都必须认真学习规则、熟悉规则，并在实际经营过程中严格遵守规则。

3.1.5 设定起始状态

ERP 沙盘模拟企业的经营是接手一个已经经营了 3 年的企业，这是模拟经营的起点，也是所有企业公平竞争的起点。初始状态的描述分别包括营销与规划中心、财务中心、生产中心和物流中心，通过该企业第 3 年的财务报表及第 3 年末的基本盘面，可以了解接手企业时的基本情况，详细内容在后面相关章节介绍。教师可以根据实际情况需要来设定企业的起始状态，为模拟企业正式经营做好准备。

3.1.6 预演企业经营

为了让学生熟悉 ERP 沙盘模拟的运营流程、经营规则以及操作方法，教师需要带领学生进行为期一年的预演练，即起始年的运行。在起始年运营中，教师将统一制订模拟企业的年度规划、统一投放广告的额度、各模拟企业获得相同的订单，在教师的指导下严格按企业运营流程表中的流程进行企业经营。在经营完成之后，要求各小组独立完成起始年的各角色表格填列工作，最终由财务总监提交综合管理费用表、简易利润表和简易资产负债表，同时教师针对学生在完成以上三个财务报表过程中遇到的问题进行指导，为学生开始正式经营做准备。

3.1.7 模拟企业实际经营

模拟企业实际经营是 ERP 沙盘模拟中最重要的部分，由学生自主完成。教师充当指导者的角色，帮助学生解决在经营中遇到的各种技术问题。模拟经营按 1～6 年的年度展开，每个经营年度又分为 4 个经营季度。沙盘模拟课程通常要求学生完成六年的实际经营，每个经营年度的工作依次是：年初规划(4 项工作)——年中四季度运行(19 项工作)——年末运行(6 项工作)，其中包含任何时间段都可操作的 5 项特殊工作，最终以财务总监提交的平衡的资产负债表结束当年的运行。

3.1.8　总结与点评

学生在 ERP 沙盘模拟课程的学习中要想获得理想的学习效果，必须及时对经营过程中的经验、教训进行总结，并上升到一定的理论高度。因此，每个经营年度完成以后，教师要结合专业理论知识和各模拟企业的实际情况，针对普遍存在的问题和典型案例进行分析，帮助学生总结经验教训，及时发现经营中的错误，调整经营战略。

总结点评中可围绕下述需掌握的知识点展开，如表 3—4 所示：

表 3—4　点评 ERP 沙盘模拟掌握的知识点

知识点	内　容
战略目标确定 战略分析	企业发展战略是在对企业发展环境进行分析的基础上企业未来发展方向的规划，因此，战略的分析和战略目标的确定是企业经营的前提性工作。用 SWOT 或 PEST 等战略分析工具分析企业的战略环境和地位，制定模拟企业的战略目标和战略实施步骤，培养规划能力和策划能力
项目投资	固定资产投资是企业重要的决策项目，运用现金流量估算法确定模拟企业的现金流量和折现率，对待选择的设备进行财务可行性分析，如 NPV 的使用
筹资决策	资本是企业经营的血液，适度规模的筹资会促进企业的发展。了解企业筹资的渠道和方式，掌握企业筹资的条件及偿付条件，能比较各种筹资方式的资金成本，并进行筹资组合的确定，把握企业资金成本的意义及对企业价值的影响
全面预算	企业预算是保证战略实现的有效管理控制工具，尤其是现金预算，掌握现金流入与现金流出的合理规划，保证资金链不断裂
财务分析	财务分析是企业业绩评价与企业诊断的重要财务工具，会利用杜邦分析法分析企业业绩变动的原因
资产与融资 组合分析	企业的资产配置反映了融通资金的使用结果，因此，资产与融资之间要有相应的组合关系，能根据企业资产负债表来判断企业融资组合的类型(保守型、稳健型、冒险型)的能力，评价不同类型组合的风险与收益

企业 6 年模拟经营结束后总结可按照下述步骤展开：

- 每个角色结合岗位职责履行情况撰写个人总结报告，CEO 代表小组对企业 6 年的经营情况进行全部总结，撰写企业总结报告；
- 各模拟企业做总结演示 PPT 并在总结会上进行报告，相互分享成功经验和失败教训；
- 教师从专业知识角度总结点评整个 ERP 沙盘模拟经营的总体情况，并提出进一步思考的问题。

3.2　ERP 沙盘模拟实训课程教学内容

ERP 沙盘企业管理模拟课程通过一系列预先设计的课程来实现课程的目的，课程教学内容主要包含：

1. 理解企业经营管理内容，体会 ERP 核心理念理解企业组织结构设计、职能分工与管理流程，根据模拟企业业务流程领会业务流程的功能和各个业务流程之间的关系：①熟悉企业组织架构、岗位职责，根据适用原则进行成员分工，明确各职能间的协作关系，合作共赢；②建立外部市场信息与内部管理信息的收集、管理与共享方式，具备依靠客观数字评测与决策的意识和技能，感悟准确、及时集成的信息对于科学决策的重要作用。

2. 全面阐述一个制造型企业的概貌，理解企业经营的本质

了解制造型企业经营所涉及的各类因素，如企业物流运作的规则，企业财务管理，资金流控制运作的规则，企业生产、采购、销售和库存管理的运作规则等，能根据企业面临的市场、竞争对手、未来发展趋势作出合理的分析和预测，能理解企业经营的本质即利润和成本的关系，增加企业利润的关键因素，熟知资本、资产、损益的流程、企业资产与负债和权益的结构，分析影响企业的利润因素包括成本控制需考虑的因素和扩大销售需考虑的因素两大类。

3. 掌握经营计划的制订技巧并能贯彻执行

能确定市场战略和产品、市场的定位，作出产品需求的数量趋势分析，掌握生产管理与成本控制的基本内容，做好全面计划预算管理并科学统筹人力资源管理，具体如表 3－5 所示：

表 3－5　　经营计划的制定和执行

内　容	要　素
确定市场战略和产品、市场的定位	①产品需求的数量趋势分析 ②产品销售价格区间、销售毛利分析 ③市场开拓与品牌建设对企业经营的影响 ④市场投入的效益分析 ⑤产品盈亏平衡点预测
掌握生产管理与成本控制	①以销定产、以产定购的管理思想(采购订单的控制) ②ROA 与减少库存的关系(库存控制) ③准时生产(JIT)的管理思想 ④生产线改造和建设的意义(生产成本控制) ⑤销售订单的生产计划与采购计划(产销排程管理)
全面计划预算管理	①制订财务预算—现金流控制策略 ②制订销售计划和市场投入 ③根据市场分析和销售计划，制订安排生产计划和采购计划 ④进行高效益的融资管理
科学统筹人力资源管理	①对各个岗位进行业绩衡量及评估 ②理解“岗位胜任符合度”的度量思想

4. 运行成果的总结分析与点评

分析绩效不良的模拟企业寻找经营失误的原因，分析绩优的模拟公司战略安排和决策特点，认识系统效率产生的来源，学习发挥职能协作精神，探索系统效率改进的路径；练习企业系统内的高效资源配置，协调融资、采购、生产、销售等职能的能力匹配；在模拟经营过程中体会系统管理与组织效率的关系，运用系统分析方法指导不同部门的经营决策，调整经营策略以提升决策质量；进一步认识各职能部门间的相互支撑作用，理清不同管理部门管理延伸的方向和逻辑关系，构建管理者系统运筹企业的大思路、大格局。

3.3 信息化教学在 ERP 沙盘实训课程教学中的应用

随着网络信息技术的加速发展和应用，在大数据、云计算、人工智能等新技术与教育教学深度融合的背景下，教育信息化从 1.0 时代进入了 2.0 时代。MOOC（慕课）、SPOC（Small Private Online Course）等在线课程逐渐兴起，翻转课堂、混合式教学日趋流行，现在以智能手机和平板电脑为代表的移动终端已逐步代替传统的 PC，移动互联网时代已经来临，移动终端已成为大学生主要的学习设备。

在移动环境背景下，教育教学理念和教学模式也正发生着深刻的变革，传统课堂正在向智慧课堂转变，教育教学改革的核心——以“金课”为目标的课程建设也迅速向移动信息化教学方向转变。移动信息化教学是指移动互联网环境下利用学生自带移动智能终端（BYOD，Bring Your Own Device）开展即时互动反馈的信息化教学新模式，能实现随时随地的移动、个性化教学，是学校开展微课教学和翻转课堂教学的最佳信息化支撑环境，是解决信息化教学“最后一公里”的重大机遇。信息技术和智能技术已深度融入教育全过程，下面我们介绍 3 种信息化教学工具：

3.3.1 蓝墨云

北京智启蓝墨信息技术有限公司作为移动信息化教学的倡导引领者，2014 年 11 月正式上线蓝墨云班课 App。蓝墨云平台是基于人工智能、云技术、大数据和移动互联网技术研发的推动教学模式变革的智能云教学平台，适合移动环境下学习的移动数字化课程和资源建设，服务于教师的课堂教学和学生的自主学习，满足教师和学生课堂教学互动与即时反馈需求，推动并激发学生情景化、趣味化、交互性的自主学习，实现教师与学生之间的即时互动、资源分享和学习指导，如图 3－1 所示。

3.3.2 超星学习通

超星学习通是北京世纪超星信息技术发展有限责任公司基于微服务架构打造的课程学习、知识传播与管理分享平台。它利用超星 20 余年来积累的海量的图书、期刊、视频、原创等资源，集知识管理、课程学习为一体，为师生构建一站式学习与工作环境。2013 年超星推出泛雅网络教学平台，至今已覆盖千余所学校，成为目前国内最受欢迎的网络教学平台。2015 年推出移动学习工具超星学习通 App，如图 3－2 所示，目前为止，全国用户已经达 2 900 多万人。2018 年，借助超星得天独厚的多功能应用及资源，正式推出“一平三端”智慧教学系统。

“一平三端”智慧教学系统涵盖网络课程建设，并将手机和移动智能终端的即时性做到充分利用，极大地拓展教学空间，引导学生进行时空的学习；创建全新的课堂模式，实现充分的师生互动；有效打通课内与课外，完成形成性学习评价和考核评估，完成教学管理、教学监督与评价模式的新变革。

“一平三端”智慧教学系统借助移动互联网、云计算、大数据、人工智能等新兴科技与教育技术的结合，使得智慧教学覆盖 100％的教学场所，覆盖教学全过程，并积累完整的教学大数据，帮助学校实现提高教学质量、提升教学效率、简化教学管理、促进教学改革的目标。“一平三端”包括云平台、教室端、管理端和移动端，超星利用前沿的技术手段使它们相互关联、数据

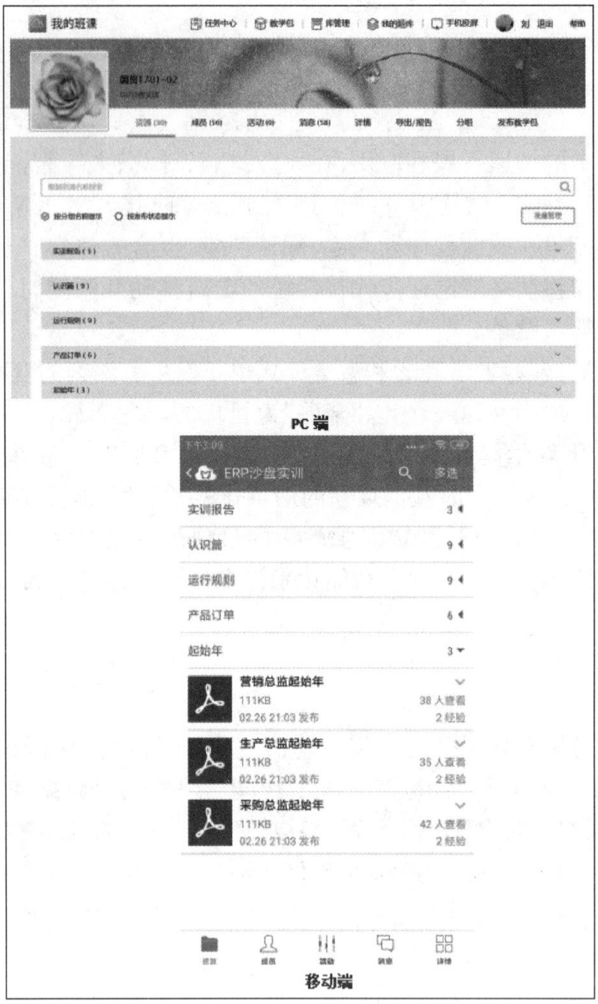

图 3—1 蓝墨云 PC 端和移动端

共享，最终达成教学立体化。

3.3.3 智慧树

智慧树隶属于上海卓越睿新数码科技有限公司，是全球大型的学分课程运营服务平台。服务的会员学校近 3 000 所，已有超过 1 700 万大学生通过智慧树网跨校修读并获得学分。智慧树帮助会员高校间实现跨校课程共享和学分互认，完成跨校选课修读。智慧树独特的“平台＋内容＋服务”三位一体模式，如图 3－3 所示，帮助高等院校完成优质课程的引进和服务配套落地，通过观摩和分享名校名师的优质课程设计，帮助教师完成教学发展培训，协助教师建设新课程，实现教法改革，促进本校教学产生内生动力，建设“校本金课”。

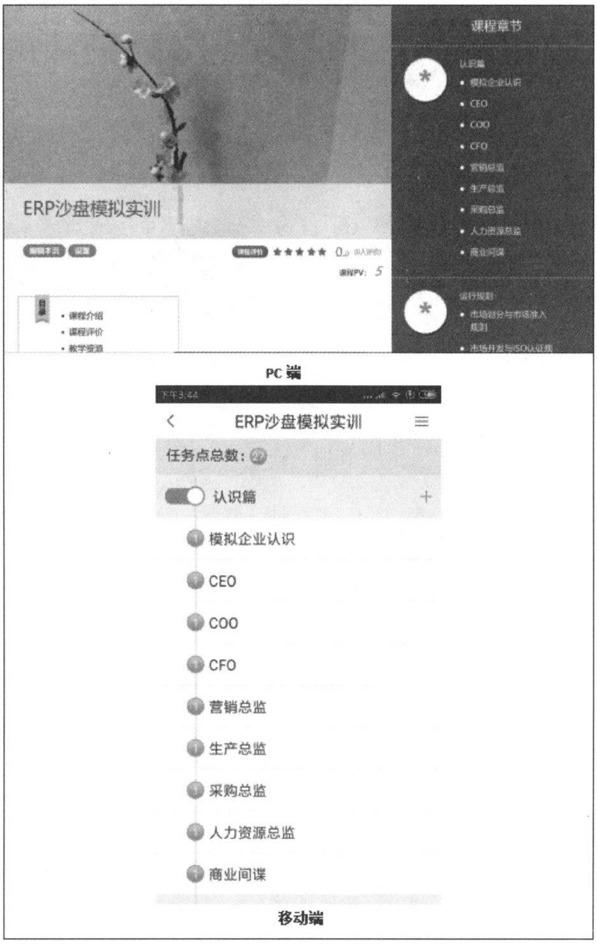

图 3—2　学习通 PC 端和移动端

图 3—3 智慧树 PC 端和移动端(教师圈、知到)

3.3.4 信息化教学应用

信息化教学平台的应用在加强课堂内外、师生间互动,提高教学质量,提升教学效果方面优势显著,能全方位实现课前、课中和课后的互动交流。课前通过对教学资源的查阅、任务的发放等活动进行高效预习;课中教师通过投屏功能,采用便捷的签到(手势签到、二维码签到、普通签到、位置签到、手工登记签到等)、举手、选人、抢答、投票、主题讨论、头脑风暴、直播、小组评价等丰富的教学活动活跃课堂气氛;课后学生通过课程作业、测验、习题库等对学习内容进行深化知识理解、重点难点提高以巩固所学知识,教师可根据学生的反馈信息进行针对性的指导、通过智能生成的过程性评价数据获取学情和成绩统计等相关信息,为后续课程教学提供参考。不同的信息化教学平台有各自的侧重点和优势,教学过程中可根据实际的教学情况选择合适的信息化教学平台。

第 4 章　认识 ERP 沙盘模拟经营企业

4.1　企业主要经营管理过程

企业是从事生产、服务等经济活动，以生产或服务满足社会需要，实行自主经营、独立核算而依法设立的一种营利性的经济组织。经营是企业以市场为对象，以商品生产和商品交换为手段，为了实现企业的既定目标，使企业的投资、生产、销售等经济活动与企业的外部环境保持动态平衡的一系列有组织的活动。管理是人们为达到预定目标，对管理对象进行有意识的计划、组织、指挥、协调和控制等活动。企业管理就是组织好人力、财力、物力、信息等资源，充分发挥资源效益，以实现企业的目标。企业的生产经营过程就是对企业资源的管理过程。

企业经营管理的过程本质上是资源的合理利用和管理的过程，故又被称为 ERP（Enterprise Resources Planning，即企业资源计划），它是将各种资源包括厂房、设备、原材料，还包括资金、信息以及企业上游的供应商和下游的客户等，利用计算机及网络信息系统把它们加以整合，目标就是在资源给定的情况下追求尽可能大的产出。

企业经营管理过程是涵盖企业经营方方面面的一整套管理思想，如整体战略、市场需求、原材料采购、生产过程管理、设备管理、质量管理、销售管理等方面，经营管理中企业做到以销定产、以产定料、以料定需来驱动资金的良性循环，以加快企业资金周转，修正工作偏差，并使企业处于全面受控状态；同时还可以帮助企业管理人员根据外部环境的变化而对企业资源进行合理规划，使企业流畅运转，从而达到商业上的成功。

企业一般分为生产型企业和服务型企业。生产型企业是指通过物理、化学等作用将有形输入转化为有形输出的企业。例如，计算机制造公司将购入的导线、CPU、磁盘、内存等有形输入，通过一系列加工过程转化为计算机这个有形输出，所以计算机制造公司是生产型企业。服务型企业的特点是提供服务，而不制造（不等于不提供）有形产品。例如，各类旅游公司提供车辆导游等服务，就属于服务型企业。典型的生产型企业和服务型企业如表 4—1 所示：

表 4—1　　典型的生产型企业和服务型企业

企业类型	企　业	输　入	主要生产过程	输　出
生产型企业	计算机制造公司	CPU、内存、磁盘等	加工、装配	计算机
	汽车制造公司	发动机、钢材、轮胎等	加工、装配	汽车
	电视制造公司	电子元件、显示屏等	加工、装配	电视机
	酒类生产公司	粮食、灌装瓶等	酿造、灌装	酒
	石油炼化公司	原油、催化剂等	炼制	汽油、柴油等
		典型服务项目		
服务型企业	电信公司	通信服务、网络服务、手机销售等		
	旅行社	旅游项目、车辆租赁等		
	商超企业	商品销售等		

由于各种产品的特点千差万别，生产型企业又可根据其生产产品的工艺特点分为连续型生产企业和离散型生产企业。连续型生产又称流程式生产，是指物料均匀、连续地按一定的工艺顺序移动，在运动中不断改变形态和性能，最后形成产品的生产。采用连续型生产方式进行生产的企业称为连续型生产企业。各种化工生产企业、酒类酿造企业、炼油企业等都属于连续型生产企业。

离散型生产是指物料离散地按照一定的工艺顺序运动，在运动中不断地改变形态和性能，最后形成产品的生产。采用离散型生产方式进行生产的企业称为离散型生产企业，前面提到的计算机制造企业、汽车制造企业都属于离散型生产企业。在这种类型的生产中，企业生产的产品都是由许多零部件组装成的，所以又称为加工装配式生产企业。加工装配式生产的设施地理位置分散，构成产品的零件加工和生产装配可以在不同企业、不同地区甚至不同国家制造。

4.1.1　生产型企业的基本运营流程

生产型企业的基本业务包括采购、生产、销售、库存等，运营流程如图 4—1 所示：

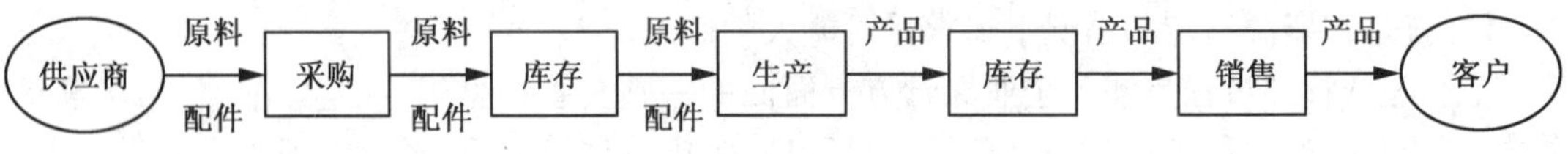

图 4—1　生产型企业的基本运营流程

下面以计算机制造企业为例，对各项业务进行简单说明：

(1)采购业务：要制造出计算机产品，计算机制造公司必须首先从供应商处采购 CPU 芯片、磁盘、内存条、键盘、鼠标以及各种导线、螺丝等制造计算机所需的原材料及零配件；

(2)原材料库存业务：由于原材料和零配件的采购批量和速度与生产的需要不一致，因此，采购的部分原材料和零配件需要先存放在原材料和零配件仓库中；

(3)生产业务：根据需要从原材料和零配件仓库中取出原材料及零配件，在生产车间生产计算机产品，生产业务是生产型企业的核心业务；

(4)成品库存业务：生产出的计算机一般不可能立即销售出去，需要将生产出的计算机存放在成品库中；

(5)销售业务：将成品库中的计算机卖给客户。

4.1.2　生产型企业的规划工作

要使企业能正常运转，生产出来的产品必须及时销售出去，生产所需的原材料和零配件必须及时采购到货，不能短缺，但也不能过量采购。过量采购将导致大量的原材料和零配件库存，增加资金占用，还加大了损耗和库存管理工作量，所以必须对流程中的各项工作进行统一规划，使其协调一致地运行。增加规划环节后的企业运营流程如图4—2所示：

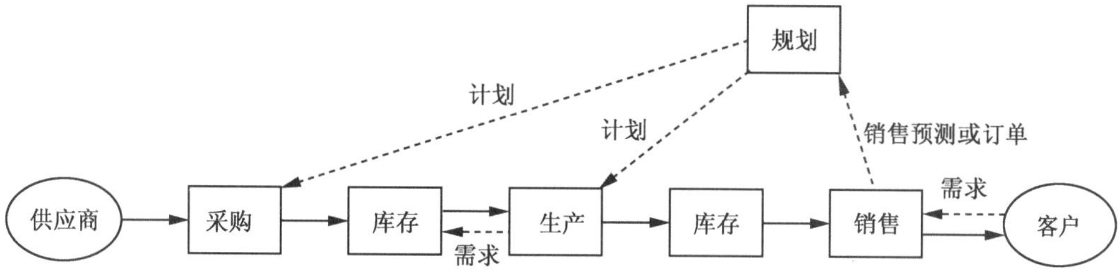

图4—2　增加规划环节后的企业运营流程

从图4—2中可以看出，尽管企业的物流是从供应商开始，沿实线方向从左向右流动，但是，流动的快慢却要取决于客户的需求。所以，规划的依据是客户的需求，起点是对客户的需求进行调查分析，对产品的销售量进行预测。然后，根据预测结果，编制生产计划和采购计划，用于指导生产过程和采购过程。在具体执行各项工作的过程中，还会出现各种偏差，所以要及时反馈调整。例如，在生产过程中可能出现废品，要及时将实际需求情况反馈给原材料及零配件库存管理环节。

4.1.3　生产型企业的产品研发

一个企业要想长期生存和发展，必须适应形势发展和客户需求，不断地研发新产品。增加新产品研发后的企业运营流程如图4—3所示：

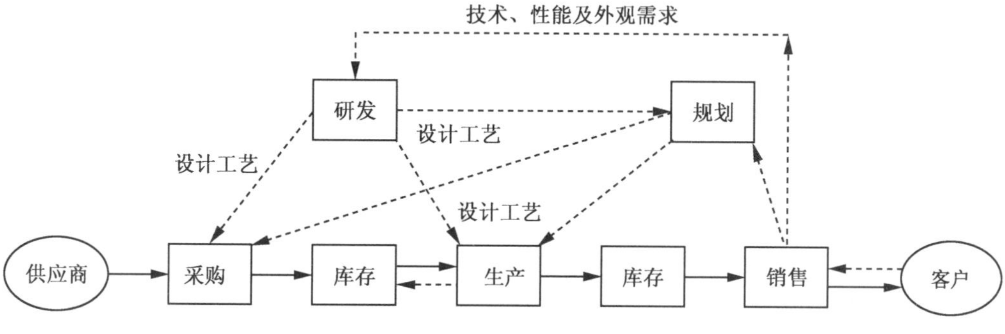

图4—3　增加新产品研发后的企业运营流程

研发新产品的需求，不是来自研发技术人员的个人想象，而是来自客户的需求。所以，在销售环节中，除了要努力销售现有产品外，还要进行市场调查与分析，收集客户对现有产品的意见和改进建议，指导新产品的研发。新产品研发成功后，要及时将新产品的组成结构及零部件的制造工艺与方法传送给采购、生产及规划等制造管理环节。

4.1.4 生产型企业的财务工作

企业在开展上述各种业务和管理活动的过程中都伴随着资金的流动，所以必须对资金流进行管理与控制。该工作在企业中称为会计核算与财务管理。它是企业中涉及面最宽的一项工作，也是最重要的管理工作之一，各企业都应给予高度重视。增加财务管理后的企业运营流程如图 4—4 所示：

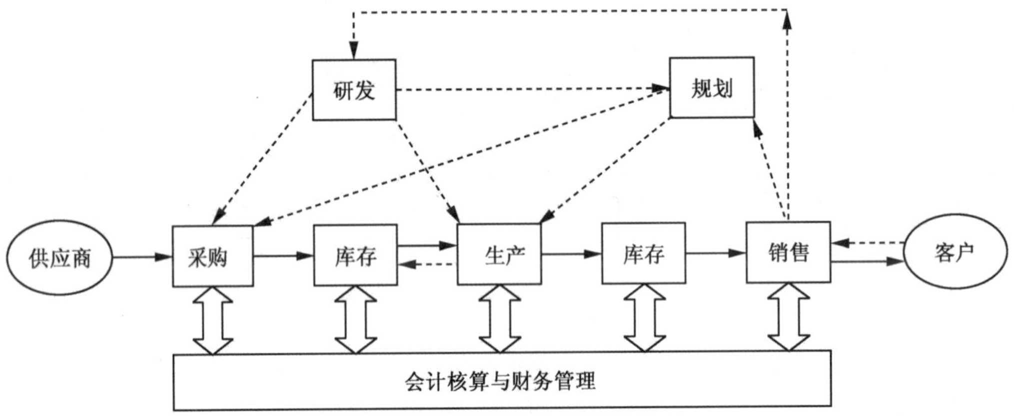

图 4—4 增加财务管理后的企业运营流程

4.1.5 生产型企业基本业务流程

如果用一张图完整地描述企业的基本业务(运营)流程，可表示为图 4—5：

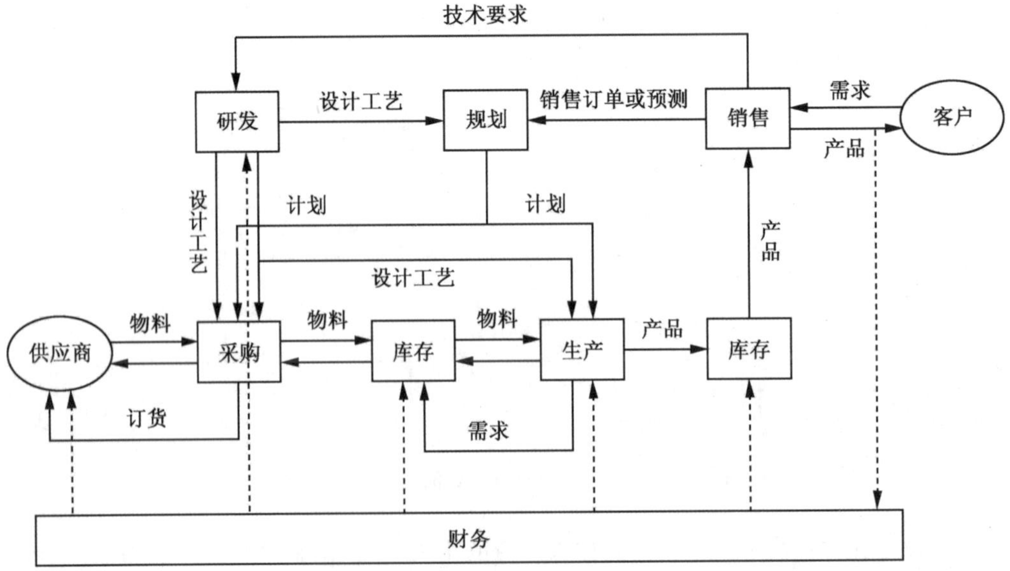

图 4—5 企业基本业务(运营)流程

生产型企业基本业务流程内容描述如表 4—2 所示：

表 4—2　　生产型企业基本业务流程内容

流　程	具体内容
信息流系统	老产品：客户将产品需求以销售订单的方式传递给市场营销部，由营销部门核对成品库存，若库存产品充足，则销售产品；若库存产品不足，则将短缺产品品种与数量通知生产部。 生产部将销售订单转为生产订单，并根据生产订单提出物料需求计划转给采购部门，采购部门核对原料库和物料需求计划形成采购订单，向原料供应商订货。
	新产品：市场营销部门与产品研发部门协调决定新产品研发的品种与技术规格，产品研发部将研发的工艺数据转给生产部组织新产品生产。
物流系统	采购部根据采购订单对采购原料办理入库验货手续，生产部门办理领料手续领料生产，生产完工办理成品入库手续，营销部门办理销售和产品出库。
资金流系统	财务部门根据采购订单和原料入库单支付原料采购资金，根据生产订单、领料单、成品入库单支付加工费并计算产品成本，根据销售订单和产品出库单回收销售货款。

从企业基本的业务流程可以看出，企业的业务流程是靠企业各职能部门协同才能完成的，企业经营决策与管理过程就是各职能部门协同工作实现企业经营目标的过程，企业基本的业务流程是企业设置管理机构和岗位的依据。

ERP 沙盘模拟是设定模拟企业，把模拟企业运营的关键环节——战略规划、资金筹集、市场开拓、产品研发、原材料采购、广告营销、生产线投资、财务核算等部分设计为主体内容，把企业运营所拥有的内外部资源和所处的环境抽象为一系列规则，通过分析市场、制定战略、营销策划、组织生产、财务管理等一系列活动，做大做强企业，以此来保证其企业不被淘汰，最终获得所有者权益最大化，因此，需对企业主要经营管理过程有一定的知识储备(见表 4—3)。

表 4—3　　ERP 沙盘模拟运营所需基本企业管理知识

企业管理知识	主要内容	理　解
战略管理	(1)战略管理过程	战略分析、战略选择、战略实施三个阶段
	(2)常用分析工具	波特五力分析模型、BCG 矩阵
	(3)总体战略	成长型、稳定型、防御型三种，其中成长型战略选择有密集式成长、一体化成长和多元化成长
	(4)经营单位战略	成本领先、差异化和集中化战略
市场营销管理	(1)营销管理过程	分析营销环境(SWOT)、选择目标市场、制定营销组合策略
	(2)目标市场营销战略	市场细分、目标市场选择、市场定位
	(3)营销组合策略	产品策略、渠道策略、定价策略、促销策略
财务管理	(1)筹资管理	筹资渠道、筹资方式、筹资风险、筹资成本
	(2)投资管理	固定资产投资、流动资产投资
	(3)营运资金管理	企业的流动资产和流动负债的管理
	(4)收益及分配管理	销售收入、利润和收益分配管理，实现利润目标
	(5)财务分析	比率分析、综合分析(杜邦财务分析)

续表

企业管理知识	主要内容	理　解
生产过程管理	(1)生产组织	确保生产的顺利进行所需要的各种人力、设备、材料等生产资源的配置
	(2)生产计划制定	制订长期、中期和短期生产计划
	(3)生产控制	进度控制、库存控制、质量控制、成本控制、数量控制等
人力资源管理	七大基本职能	人力资源规划、职位分析、招聘录用、绩效管理、薪酬管理、培训与开发、员工关系管理

4.2　ERP沙盘模拟企业组织架构与主要岗位职责

ERP沙盘模拟实训课程将企业经营采用物理沙盘或电子沙盘方式，将一个企业经营的全部环节和操作过程用沙盘进行模拟，全真展现一个企业的营运元素和场景，而且融入市场环境、市场变数和竞争机制等，由不同学生团组成多家企业同场竞技。具体来讲，就是设定模拟企业，把模拟企业运营的关键环节——战略规划、资金筹集、市场开拓、产品研发、原材料采购、广告营销、生产线投资、财务核算等部分设计为主体内容，把企业运营所拥有的内、外部资源和所处的环境抽象为一系列规则，每个企业由6名学生组成，分别担任CEO(首席执行官)、财务总监、采购总监、生产总监、市场总监和人力资源总监6个角色，各个企业从市场中取得订单，然后用现金购买原材料，投资生产线进行生产，最后按照订单要求完工交货，从客户中取得现金，利用现金再在不同市场投放广告来取得更大的订单，依此循环。同时，企业还要研发新的产品、支付工人工资、维护更新设备、缴纳所得税等来发展和扩大企业。这样，在相同的起始资金和相同的规则下，企业本身可以通过不同的战略发展规划，经过模拟企业若干年(一般设为6年)的经营，获得不同的结果。在企业的发展过程中，学生们将不断地面临许多挑战，他们要通过分析市场、制定战略、营销策划、组织生产、财务管理等一系列活动，做大做强企业，以此来保证其企业不被淘汰，最终获得所有者权益最大化。

沙盘作为企业经营管理的道具，需要系统和概略性地体现企业的主要业务流程和组织架构。一般的企业管理沙盘包括企业生产设施和生产过程、财务资金运转过程、市场营销和产品销售、原材料供应、产品开发等主要内容。用友软件公司开发的ERP沙盘是比较典型的企业管理模拟沙盘(如图4—6所示)。下面结合用友ERP沙盘道具对企业管理模拟沙盘进行介绍：

ERP沙盘设计了营销与规划中心、财务中心、生产中心、物流中心以及制造业运营流程信息中心，并设置了相应的岗位角色，如图4—7所示。

企业创建之初，任何一个企业都要建立与其企业类型相适应的组织结构。组织结构是保证企业正常运转的基本条件，在“企业经营沙盘模拟”实训中，采用了简化的企业组织结构。企业组织有几个主要角色代表，包括首席执行官(CEO)、财务总监(CFO)、营销总监、生产总监、采购总监、人力资源总监、首席运营官(COO)和商业情报人员等。

4.2.1　首席执行官

首席执行官(CEO/总经理)是一个公司的舵手，对公司的发展方向和团队的协调起重要

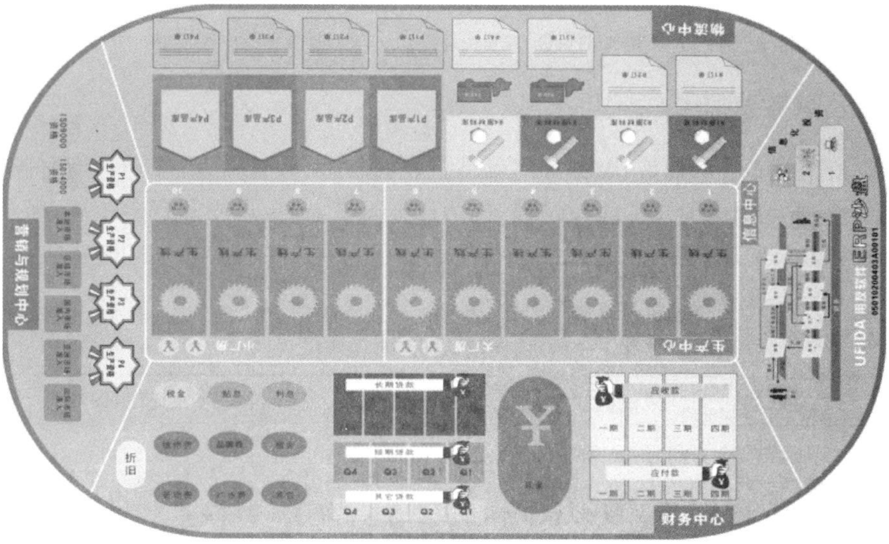

图 4-6　用友 ERP 物理沙盘盘面

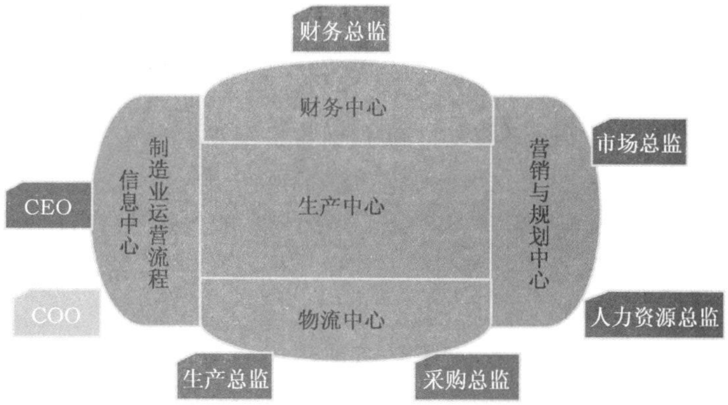

图 4-7　用友 ERP 沙盘岗位角色设置

作用。在公司经营一帆风顺的时候他能带领团队冷静思考，而在公司遇到挫折的时候能鼓舞大家继续前进。CEO 的岗位认知和岗位职责如表 4-4 所示：

表 4-4　CEO 的岗位认知和岗位职责

项　目	岗位认知	岗位职责
CEO	现代企业的治理结构分为股东会、董事会和经理班子三个层次。在“企业经营沙盘模拟”实训中，省略了股东会和董事会，企业所有的重要决策均由 CEO 带领团队成员共同决定	(1)做出有利于企业发展的战略决策 (2)分析竞争格局，制定和实施公司总体战略与年度经营计划 (3)主持公司的日常经营管理工作，负责控制企业按流程运行 (4)团队成员意见相左时，CEO 拍板决定

在实际企业中，首席运营官(COO)是一个重要的角色，负责组织协调企业的日常运营活

动。在本实训中，COO 协助 CEO 控制企业按流程运行，起着盘面运行监督的作用。此角色为可选角色，在受训者人数较少时可不设。

4.2.2 财务总监

如果说资金是企业的血液，财务部门就是企业的心脏。财务总监（CFO）为财务中心负责人，负责会计核算与财务管理的运行过程，包括资金筹措、资金运用和资金核算，涉及现金、应收账款、应付账款、短期贷款、长期贷款及综合费用等。CFO 的岗位认知和岗位职责如表 4—5 所示：

表 4—5　　CFO 的岗位认知和岗位职责

项　目	岗位认知	岗位职责
CFO	对企业的资金进行预测、筹集、调度与监控，定期核查企业的经营状况、经营成果，管好现金流，按需求支付各项费用、核算成本，做好财务分析，进行现金预算，采用经济、有效的方式筹集资金，将资金成本控制到较低水平，管好、用好资金。公司进出的任何一笔资金都要经过财务部门	(1)参与企业重大方案的讨论，如设备投资、产品研发、ISO 资格认证等 (2)日常现金收支记录，对成本数据进行分类和分析 (3)定期清查现金，盘点存货，确保账实相符 (4)每年年末编制产品核算统计表、综合费用明细表、利润表和资产负债表

4.2.3 营销总监

企业的利润是由产品销售收入带来的，实现销售是企业生存和发展的关键，因此，销售和收款是企业的主要经营业务之一，也是企业联系客户的纽带。营销总监是营销与规划中心负责。营销总监应结合市场预测及客户需求制订销售计划，有选择地进行广告投放，取得与企业生产能力相匹配的客户订单，与生产部门做好沟通，保证按时交货给客户并监督货款的回收，同时进行客户关系管理。

营销总监的岗位认知和岗位职责如表 4—6 所示：

表 4—6　　营销总监的岗位认知和岗位职责

项　目	岗位认知	岗位职责
营销总监	将公司现有的各种资源及预计达到的目标与市场需求有机地结合，分析市场环境，把握市场机会，制定营销战略并对营销计划进行监督和控制，分析竞争对手，据此进行需求分析和销售预测以及销售业绩的分析与评估	(1)市场调查分析：分析宏、微观环境和竞争环境 (2)市场开拓策略：选择性地进入或者全线进入 (3)品种发展策略：选择性地开发或者全面开发，是否发展 ISO 9000 或者 ISO 14000 (4)制订销售计划、订单争取与谈判、签订合同与过程控制、按时交货及进行销售绩效分析

4.2.4 生产总监

生产总监是企业生产部门的核心人物，是生产中心负责人，对企业的一切生产活动进行管理，并对企业的一切生产活动及产品负最终的责任。生产总监既是生产计划的制订者和决策者，又是生产过程的监控者，对企业目标的实现负有重大的责任，其工作是通过计划、组织、指挥和控制等手段实现企业资源的优化配置以创造最大经济效益。生产总监的岗位认知和岗位职责如表 4—7 所示：

表 4—7　　生产总监的岗位认知和岗位职责

项　目	岗位认知	岗位职责
生产总监	有计划地扩大生产能力以满足市场竞争的需要，制定并落实生产计划，监控质量管理和质量目标的达成情况，规划、配置和调动生产资源，保证及时交货，优化生产组织过程，扩充并改进生产设备，以不断降低生产成本	(1)编制生产计划 (2)负责生产过程的持续正常进行 (3)生产设备投资决策、设备的维护与设备变更处理 (4)厂房购置与租赁决策

4.2.5　采购总监

采购总监是物流中心的负责人，主要负责物资采购与储存的运作过程管理。采购总监的岗位认知和岗位职责如表 4—8 所示：

表 4—8　　采购总监的岗位认知和岗位职责

项　目	岗位认知	岗位职责
采购总监	负责各种原料的及时采购和安全管理，分析各种物资供应渠道及市场供求变化情况，确保在合适的时间点采购合适的品种及数量的物资，为企业生产做好后勤保障	(1)编制原材料采购计划 (2)与供应商签订供货合同，监督原料采购过程并按计划向供应商付款 (3)明晰不同原材料的订货提前期，确保原料供应生产正常进行 (4)原材料库存的数据统计与分析

4.2.6　人力资源总监(CHO)

人力资源总监的岗位认知和岗位职责如表 4—9 所示：

表 4—9　　人力资源总监的岗位认知和岗位职责

项　目	岗位认知	岗位职责
人力资源总监	负责企业的人力资源管理工作，确定岗位职责，安排薪酬体系、人员招聘考核等	(1)人员考勤 (2)记录团队成员获裁判组奖励或处罚的情况 (3)对团队成员参与度与贡献度提出综合排序的建议

4.2.7　其他角色

商业情报人员/商业间谍：知己知彼，方能百战百胜；闭门造车是不行的。商业情报工作在现代商业竞争中有着非常重要的作用，不容小觑。在受训者人数较少时，此项工作可由营销总监承担；在人数较多时，可设专人协助营销总监来负责此项工作。

在受训者人数较多时，可适当增加财务助理、CEO 助理、营销助理、生产助理等辅助角色，特别是财务助理角色。为使这些辅助角色不被边缘化，应尽可能地明确其所承担的职责和具体任务。

4.3 ERP 沙盘模拟企业经营环境概况

ERP 沙盘模拟再现了一个离散型制造企业管理的完整流程。参与者扮演管理者和决策者，在"游戏"般的操作中感受完整的企业经营决策。当然，决策者们接手的企业不是一个全新的企业，而是已经经营了三年的企业。该企业长期专注于某行业 P 系列产品的生产与经营，即 P1、P2、P3、P4 系列产品，模拟企业的社会经济状况发展良好，消费者的消费能力稳步提高，P 行业快速发展。模拟企业的经营现状与期望如表 4—10 所示：

表 4—10　　模拟企业的经营现状与期望

项目	现　状	期　望
市场	本地市场	开拓区域市场、国内市场、亚洲市场、国际市场
产品	P1：技术水平低，有一定的知名度，客户也很满意，前几年市场需求较大，但未来会逐渐下降	研发 P2、P3、P4 P2：是 P1 的改进版，虽然技术优势会带来一定的增长，但随着科技的发展，需求最终会下降； P3、P4 为 P 系列产品里的高端产品，是全新产品，发展潜力大，各个市场上对它们的认可度不尽相同，需求量与价格会有较大差异
厂房	大厂房一个，价值 40M	根据经营实际做相应的决策
生产线	3 条手工线、1 条半自动线，运行状态良好	根据经营实际做相应的决策
财务	负债和所有者权益 105M	股东不增资，保持 50M，希望增加所有者权益

下面是一家权威市场调研机构对未来 6 年各个市场需求的预测，该预测具有很高的可信度，各企业可据此预测展开企业的经营运行。

4.3.1 本地市场

本地市场将会持续发展，客户对低端产品的需求可能会减少。随着需求的减少，低端产品的价格很有可能逐步走低。随着高端产品的成熟，客户对 P3 和 P4 产品的需求将越来越大。同时由于客户质量意识的不断提高，在后几年里，客户可能更看好厂商通过了 ISO 9000 和 ISO 14000 认证的产品。本地市场预测分别如图 4—8 和表 4—11 所示：

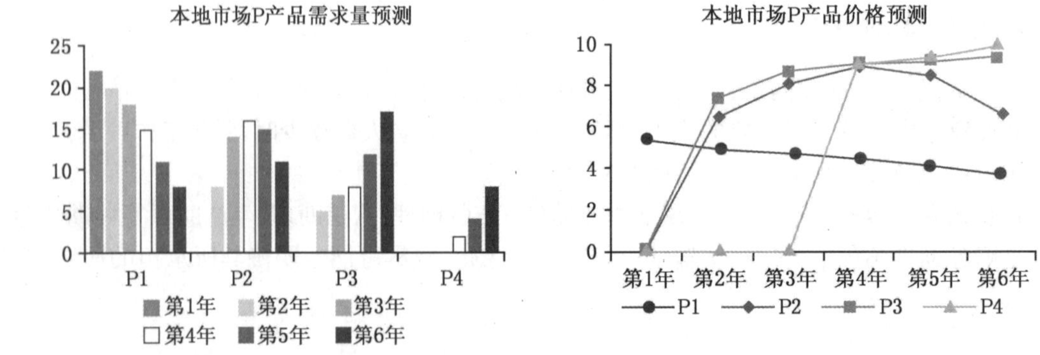

图 4—8　本地市场 P 产品需求量与价格预测

表 4—11　　6 组本地市场预测

项目/时间	P1		P2		P3		P4	
	需求量	价格	需求量	价格	需求量	价格	需求量	价格
第 1 年	22	5.4	0	0	0	0	0	0
第 2 年	20	4.9	8	6.4	5	7.3	0	0
第 3 年	18	4.7	14	8.1	7	8.7	0	0
第 4 年	15	4.4	16	8.9	8	9.1	2	9
第 5 年	11	4.1	15	8.3	12	9.1	4	9.3
第 6 年	8	3.7	11	6.5	17	9.4	8	9.8

4.3.2　区域市场

区域市场客户对 P 系列产品喜好相对稳定，因此市场需求量的波动也比较平稳，由于其紧邻本地市场，所以产品需求量的走势可能与本地市场相似，价格趋势也应大致一样。该市场的客户比较乐于接受新的事物，因此其对高端产品会比较有兴趣。然而，由于受到地域的限制，该市场的需求总量非常有限，并且这个市场上的客户比较挑剔，在后几年客户会更看好厂商通过了 ISO 9000 和 ISO 14000 认证的产品。区域市场预测分别如图 4—9 和表 4—12 所示：

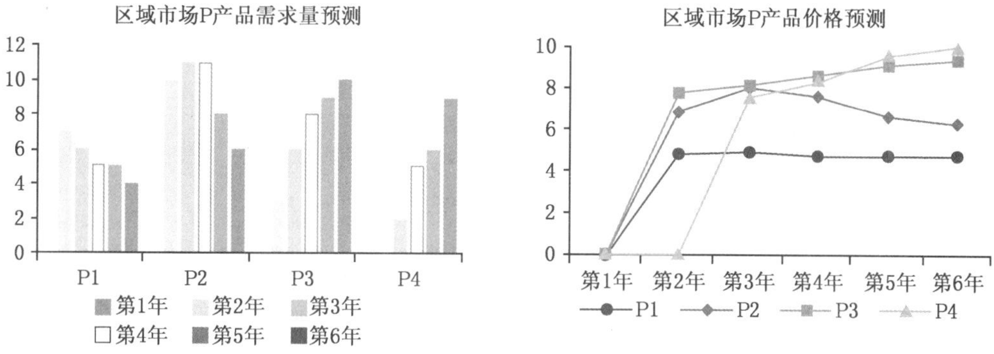

图 4—9　区域市场 P 产品需求量与价格预测

表 4—12　　6 组区域市场预测

项目/时间	P1		P2		P3		P4	
	需求量	价格	需求量	价格	需求量	价格	需求量	价格
第 1 年	0	0	0	0	0	0	0	0
第 2 年	7	4.8	10	6.8	3	7.8	0	0
第 3 年	6	4.9	11	8	6	8.2	2	7.5
第 4 年	5	4.8	11	7.6	8	8.6	5	8.3
第 5 年	5	4.8	8	6.7	9	9.1	6	9.5
第 6 年	4	4.8	6	6.3	10	9.4	9	9.9

4.3.3 国内市场

由于P1产品带有较浓的地域色彩，估计国内市场的客户对P1产品不会有持久的需求，因而P2产品更适合国内市场，估计客户对P2产品的需求会一直比较平稳。随着客户对P系列产品的逐渐认同，估计客户对P3产品的需求会越来越强烈，但客户对P3产品却不那么认同。当然对于高端产品来说，客户一定会更看重质量认证。国内市场预测分别如图4—10和表4—13所示：

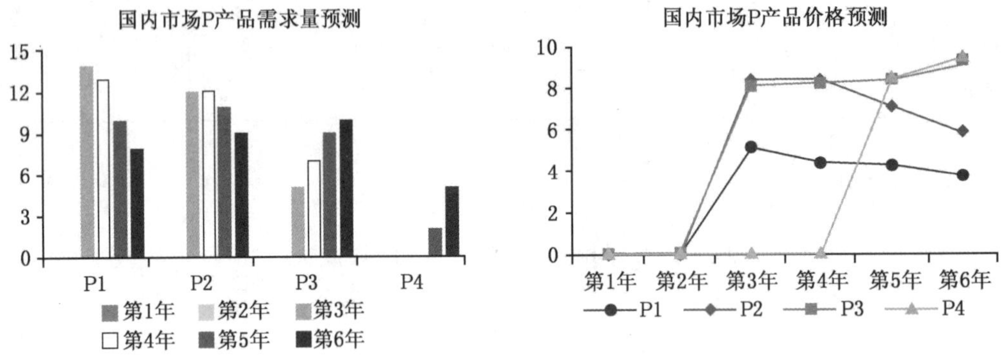

图4—10 国内市场P产品需求量与价格预测

表4—13 6组国内市场预测

时间＼项目	P1		P2		P3		P4	
	需求量	价格	需求量	价格	需求量	价格	需求量	价格
第1年	0	0	0	0	0	0	0	0
第2年	0	0	0	0	0	0	0	0
第3年	14	5.1	12	8.3	5	8	0	0
第4年	13	4.4	12	8.4	7	8.2	0	0
第5年	10	4.3	11	7.1	9	8.3	2	8.5
第6年	8	3.8	9	5.9	10	9.3	5	9.3

4.3.4 亚洲市场

这个市场上客户的喜好一向波动较大，所以客户对P1产品的需求可能起伏较大，估计P2产品的需求总是与P1产品相似，该市场的客户对新产品很敏感，因此估计客户对P3和P4产品的需求会越来越强烈，价格也可能不菲。另外，该市场的客户很看重产品的质量，所以在后几年里，厂商没有通过ISO 9000和ISO 14000认证的产品，可能很难销售。亚洲市场预测分别如图4—11和表4—14所示：

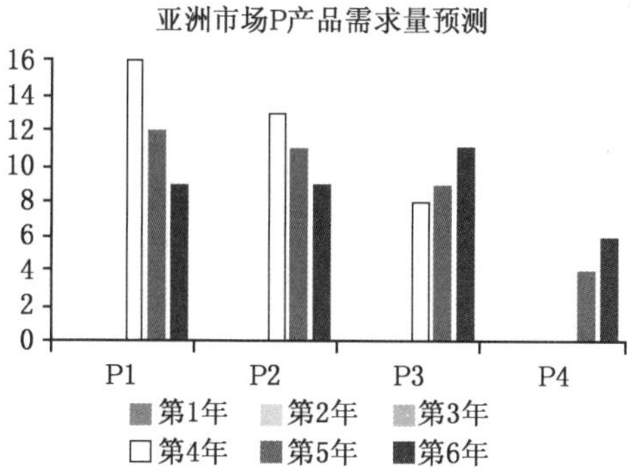

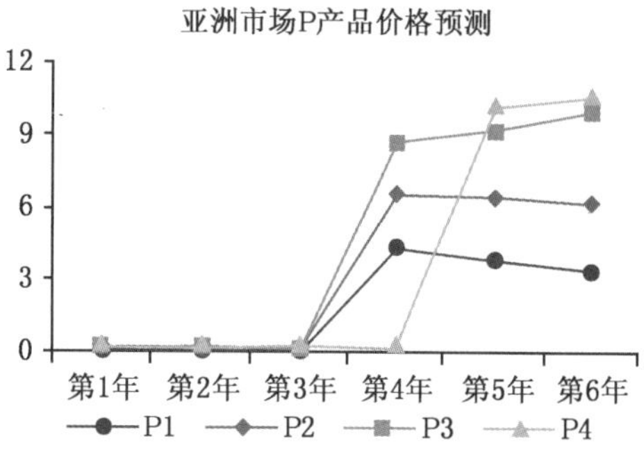

图 4—11　亚洲市场 P 产品需求量与价格预测

表 4—14　　**6 组亚洲市场预测**

项目 时间	P1		P2		P3		P4	
	需求量	价格	需求量	价格	需求量	价格	需求量	价格
第 1 年	0	0	0	0	0	0	0	0
第 2 年	0	0	0	0	0	0	0	0
第 3 年	0	0	0	0	0	0	0	0
第 4 年	16	4.2	13	6.6	8	8.7	0	0
第 5 年	12	3.8	11	6.4	9	9.1	4	10.1
第 6 年	9	3.3	9	6.2	11	9.9	6	10.5

4.3.5　国际市场

P 系列产品进入国际市场，可能需要一个较长的时期。有迹象表明，该市场的客户对 P1 产品已经有所认同，需求也比较旺盛。对于 P2 产品，客户将会谨慎地接受；对于新兴的技术，该市场的客户将会以观望为主，因此客户对 P3 和 P4 产品的需求会很小，因为产品需求主要集中在低端产品上，所以客户对 ISO 9000 和 ISO 14000 认证的要求并不如其他几个市场那么高，但也不排除客户在后期会有这方面的要求。国际市场预测分别如图 4—12 和表 4—15 所示：

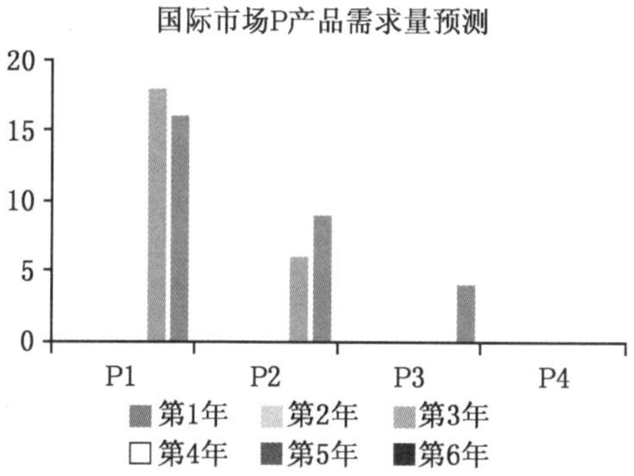

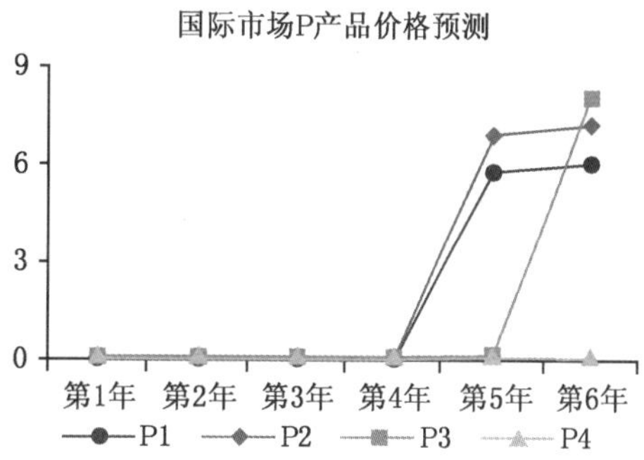

图 4—12　国际市场 P 产品需求量与价格预测

表 4－15　　6 组国际市场预测

时间＼项目	P1		P2		P3		P4	
	需求量	价格	需求量	价格	需求量	价格	需求量	价格
第 1 年	0	0	0	0	0	0	0	0
第 2 年	0	0	0	0	0	0	0	0
第 3 年	0	0	0	0	0	0	0	0
第 4 年	0	0	0	0	0	0	0	0
第 5 年	18	5.8	6	6.9	0	0	0	0
第 6 年	16	6	9	7.2	4	8.3	0	0

4.3.6　市场预测的简略分析

本地市场：总体市场需求量大，P1 产品呈现明显的下降趋势，与之相反的是，P3 产品呈现明显的上升趋势，P2 产品是先升后降。前三年，P1 产品利润空间不错，P2、P3 产品价格迅速上扬，第四年，本地市场 P2 产品在各个市场中最高。由此可知，在第一和第二年，本地市场对目前企业（生产能力弱）现有产品（技术含量低）来说，是一个不错的生存市场；第三年以后，本地市场可以成为扩大再生产及开发新市场的有力后盾。

区域市场：开发周期短，市场容量不是很大，但客户对 P4 产品的需求量较大，产品价格较平稳，在竞争不太激烈的情况下，可以考虑将区域市场作为企业的利基市场，因此区域市场的问题在于如何有效利用。

国内市场：P1、P2、P3 产品的市场容量明显大于区域市场，P1、P2 产品的需求量略呈下降趋势，P3 产品的需求量呈现较明显的上升趋势，客户对 P4 产品的需求量不大，产品价格相对平稳，P2、P3 产品的价格较好，由于国内市场的开发周期与产品的研发周期接近，因此国内市场很可能会成为各企业开拓新市场、增加销售而争夺的焦点。

亚洲市场：开发周期较长，高端产品价格平稳，市场容量略高于平均水平，P1、P2、P3 产品的市场容量明显大于区域市场，由于后几年各企业的产能都可能有所扩大，因此占领新市场将成为一些企业的目标。在激烈的市场竞争中，亚洲市场在第四年可能会成为广告投放的重点。如果竞争不激烈，则亚洲市场极有可能成为独家舞台。总之，掌握竞争对手的市场开拓信息非常重要。

国际市场：这是一个非常独特的市场，其独特性并不在于其开发周期最长，而在于从所有年份来看，客户对 P1 产品的需求都非常旺盛。在各市场 P1 产品的需求量和价格都普遍下降的情况下，国际市场批发产品的价格却节节上升，后期批发产品在所有产品中利润率最高，且维持较高的需求，利润空间非常可观。国际市场的独特性，还表现在该市场的客户对 P3、P4 产品几乎无需求，对 P2 产品的需求在其他市场呈下降趋势的情况下反而呈上升趋势，虽然规模不是很大，但是这种独特性也许成为企业制胜甚至反败为胜的关键。

4.4　ERP 沙盘模拟企业初始状态设定

各沙盘企业的初始状态相同，基本情况如下：已经取得了 P1 产品的生产资格，并获得了本地市场的准入证。生产的 P1 产品在本地市场的知名度很高，客户也很满意，同时企业拥有自己的厂房和生产设备，状态良好。

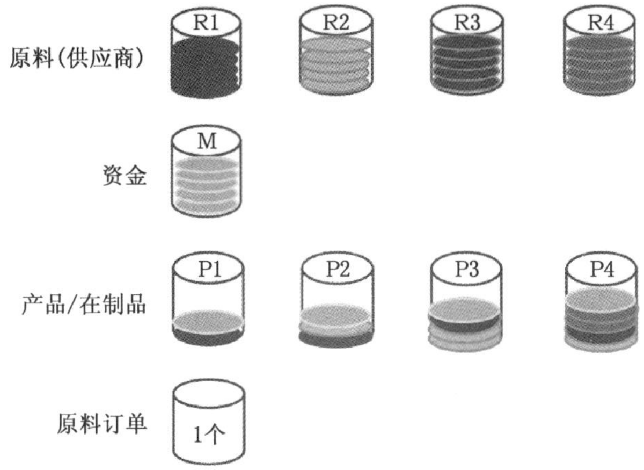

图 4—13　沙盘"语言"

沙盘"语言"理解如表 4—16 所示：

表 4—16　沙盘"语言"理解

生产要素	沙盘表示
生产原材料	R1　红色　1 个价值 1M
	R2　橙色　1 个价值 1M
	R3　蓝色　1 个价值 1M
	R4　绿色　1 个价值 1M
资金	灰色币 1 个代表 1M
产成品/在制品	产品结构构成(详见规则篇)一个产品＝一个空桶＋相应原料＋1M 资金
原料订单	1 个空桶

1. 财务中心

财务中心模拟企业资金运转过程，包括资金筹措、资金运用和资金核算，钱币所在的位置标示资金要运转的时间，如图 4—14 所示。

财务中心初始状态理解如表 4—17 所示。

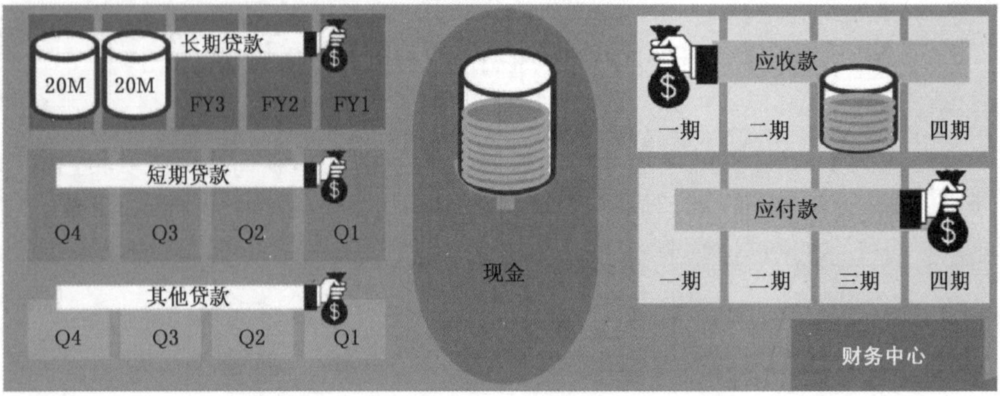

图 4—14 财务中心初始设定

表 4—17 财务中心初始状态理解

盘面状态	盘面理解
长期贷款	一共 40M,每个空桶 20 个灰币,其中 5 年期长贷 20M,4 年期长贷 20M
现金	一共 20M,一个空桶 20 个灰币
应收款	一个三账期(3 个季度)应收款 15M,一个空桶 15 个灰币

模拟企业简易利润表和简易资产负债表如图 4—15 所示：

利润表 单位:百万元

		金额
销售收入	+	35
直接成本	-	12
毛利	=	23
综合费用	-	11
折旧前利润	=	12
折旧	-	4
支付利息前利润	=	8
财务收入/支出	+/-	4
额外收入/支出	+/-	
税前利润	=	4
所得税	-	1
净利润	=	3

资产负债表 单位:百万元

资产		金额	负债+权益		金额
现金	+	20	长期负债	+	40
应收款	+	15	短期负债	+	0
在制品	+	8	应付款	+	0
成品	+	6	应交税	+	1
原料	+	3	一年到期的长贷	+	0
流动资产合计	=	52	**负债合计**	=	41
固定资产			**权益**		
土地和建筑	+	40	股东资本	+	50
机器和设备	+	13	利润留存	+	11
在建工程	+	0	年度净利	+	3
固定资产合计	=	53	**所有者权益合计**	=	64
总资产	=	105	**负债+权益**	=	105

图 4—15 模拟企业简易利润表和简易资产负债表

2. 生产中心

生产中心包括厂房、生产线和产品。厂房是制造企业的主要建设物，是生产设备的设置场所，也是产品制造场所。厂房可以在运行过程中购买或者租赁。用友 ERP 沙盘设置了大厂房和小厂房各一个。大厂房可以容纳 6 条生产线，小厂房可以容纳 4 条生产线，如图 4－16 所示：

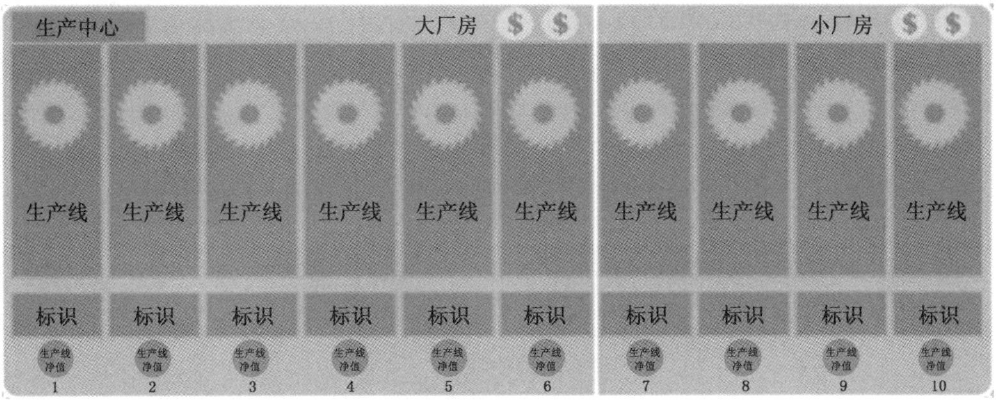

图 4－16　厂房

生产线是制造具体产品的生产设备，沙盘考虑到不同的生产设备投资、生产能力、规模经济点和生产线转产时间（柔性）的不同，设计了四种类型的生产线：手工生产线、半自动生产线、全自动生产线、柔性生产线，如图 4－17 所示。各种生产线的投资大小、建造时间、生产时间、产能、转产时间以及维护费用、折旧、残值都是不同的，并且生产线的建造需要在生产厂房的容量内，也就是厂房有空位置建造生产线。

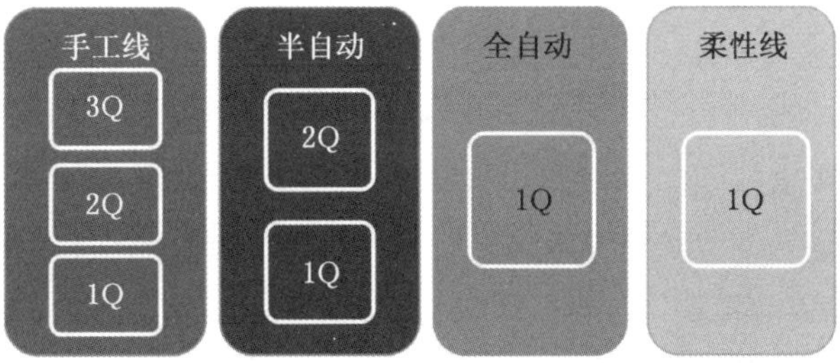

图 4－17　生产线类型

产品由不同的原材料制造而成。由于产品的结构复杂性不同，因而加工产品的人工费用也不同，当然产品的功能和售价也不同。用友 ERP 沙盘设计了四种产品：P1、P2、P3、P4。这四种产品的原材料分别为 R1、R2、R3、R4，产品组成结构如图 4－18 所示，生产中心初始设定如图 4－19 所示。

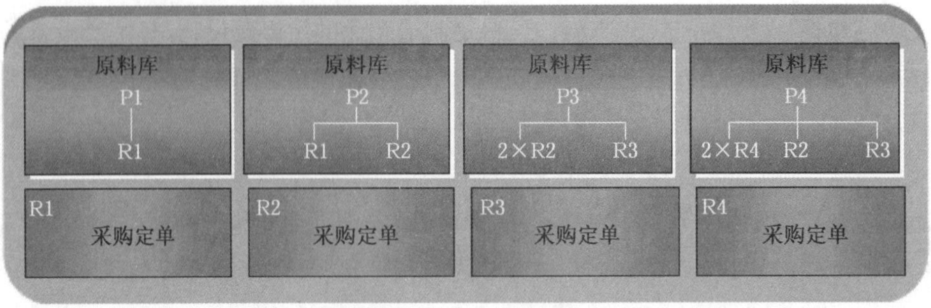

图 4—18 产品组成结构

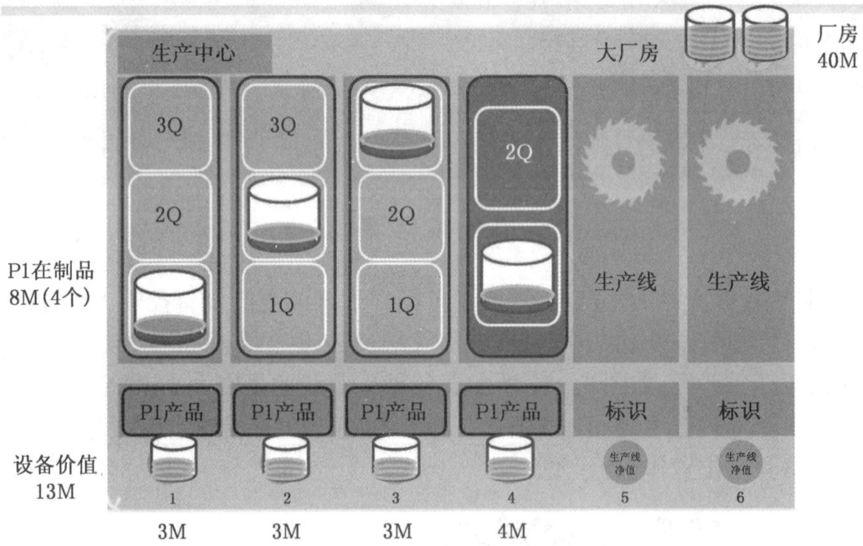

图 4—19 生产中心初始设定

生产中心初始状态理解如表 4—18 所示：

表 4—18 生产中心初始状态理解

盘面状态	盘面理解
厂房	固定资产，购买一个大厂房，价值共 40M，其中价值 20M 用 1 个空桶+20M 灰币表示
生产线	固定资产，三条手工线(每条手工线净值 3M，1 个空桶+3M 灰币)，一条半自动线(净值 4M，1 个空桶+4M 灰币)，4 条生产线净值(3M、3M、3M、4M)分别置于生产线下方的"生产线净值"处
产品标识	P1 产品标识，4 条生产线都生产 P1 产品
在制品生产	在制品是指处于加工过程中，尚未完工入库的产品。4 个 P1 在制品，手工生产线有 3 个生产周期，靠近原料库的为第一周期，3 条手工生产线上的 3 个 P1 在制品分别为第一、二、三周期。半自动生产线有两个周期，P1 在制品位于第一周期

3. 物流中心

物流中心主要模拟企业的物流采购储存过程。ERP 沙盘设计的物流中心如图 4—20 所示，包括产品 P1、P2、P3、P4 的原料订单、在途物资、原料仓库、产成品仓库、产成品需求订单。产品原材料需要预先订购，并且可能存在运输时间，形成在途物资。各种原材料的价格不同，并且可能随采购量而变化。

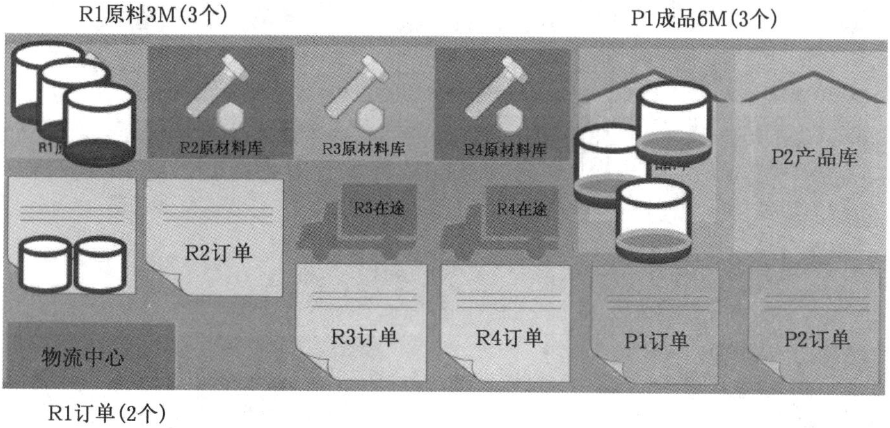

图 4—20 物流中心初始设定

物流中心初始状态理解如表 4—19 所示：

表 4—19 物流中心初始状态理解

盘面状态	盘面理解
原料订单	R1 原料订单 2 个，2 个空桶
原料库	R1 原料 3 个，1 个 R1 原料用 1 个空桶＋1R1 原料表示，共价值 3M
产成品库	P1 产品 3 个，1 个 P1 产品用 1 个空桶＋1R1 原料＋1M 灰币表示，共价值 6M

4. 营销与规划中心

营销与规划中心主要完成市场营销和产品开发运作过程模拟。四种产品都需要投入资金和时间进行研究开发，开发完成，取得该产品的生产资格，才能用于生产。开发每个产品的时间和资金投入都是不一样的。如图 4—21 所示，ERP 沙盘将市场划分为本地市场、区域市场、国内市场、亚洲市场和国际市场。产品在某个市场销售以前都需要进行市场开发推广，表现为资金和时间的投入，市场开发以后也存在市场的维护。为了表现企业在质量管理和环境保护方面的水平，用友 ERP 沙盘设计了 ISO 9000 质量认证和 ISO 14000 环境认证资格，分别代表企业在质量和环保方面的能力。获得这两项认证，沙盘设计了需要的时间和费用，以表示企业在这方面的努力和投入。

营销与规划中心初始状态理解如表 4—20 所示：

表 4—20 营销与规划中心初始状态理解

盘面状态	盘面理解
生产资格	取得 P1 生产资格，放置在相应位置
市场准入资格	取得本地市场准入资格，放置在相应位置

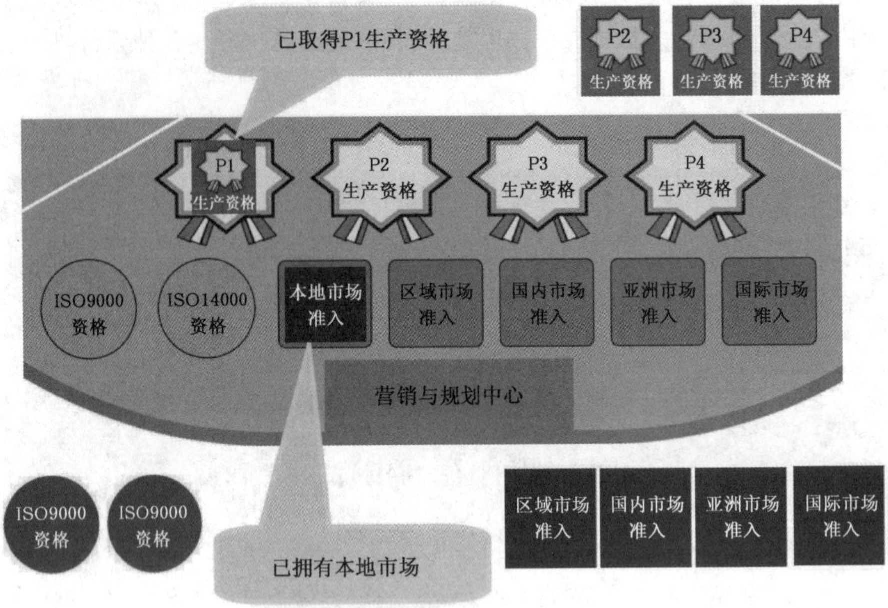

图 4—21 营销与规划中心初始设定

沙盘企业初始状态设置所需的教具种类、数量概括如表 4—21 所示：

表 4—21 设置初始状态所需的教具种类及数量

种　类	数　量	领取人
资金	98M	财务总监、生产总监、采购总监
市场准入证	1 个本地市场准入证	营销总监
生产线	3 条手工线、1 条半自动线	生产总监
产品标识	4 个 P1 产品标识	生产总监
生产资格证	1 个 P1 产品生产资格证	营销总监
原料	10 个 R1 原料	采购总监、生产总监
空桶	22 个以上	不限

第二篇

规 则 篇

第 5 章　ERP 沙盘模拟经营企业运营规则

企业的生存和发展离不开市场这个大环境，市场竞争需依据一定的规则。本章一共从六个方面来理解沙盘模拟企业运营规则，如表 5－1 所示：

表 5－1　　模拟经营企业运营规则

规　则	具体内容
市场规则	市场划分与市场准入
	市场订单选取
	市场开拓与 ISO 9000/ISO 14000 认证
生产规则	厂房购买、租赁与出售
	生产线购买、转产、维护、出售与折旧
	原材料采购与产品生产
	新产品研发
融资规则	长期贷款、短期贷款、高利贷、资金贴现、库存出售
其他规则	综合费用与折旧、税费、利息、贴息
破产规则	资不抵债
	现金断流
总成绩计算规则	所有者权益、企业发展潜力
	奖励加分、处罚扣分

5.1 市场规则

5.1.1 市场划分与市场准入

企业目前已取得本地市场资格，在本地市场经营，现需开拓新市场，包括区域市场、国内市场、亚洲市场和国际市场，如图 5－1 所示：

市场	开拓费用	开发时间
区域	1M	1年
国内	2M	2年
亚洲	3M	3年
国际	4M	4年

图 5－1　市场划分与市场准入

企业决定进入新的市场时，需要做好市场调研、渠道建设等一系列工作，这些工作既需要时间，也需要资金。只有完成市场开发各项工作之后，企业才有可能进入该市场销售产品。

市场准入规则理解如表 5－2 所示：

表 5－2　市场准入规则理解

规　则	理　解
市场开拓	(1)开发各市场可同时进行，市场之间没有必然联系，既可同时开拓多个市场，也可以跳跃式地选择要开发的市场，放弃其中某一两个市场； (2)市场开发费用，按开发时间在年末平均支付投入，即每个市场每年投资 1M，不允许加速投资； (3)资金短缺时可随时中断或终止投入； (4)某市场开拓费用全部到位、开发时间期满后，即可获得该市场准入资格，次年年初可以竞争该市场产品订单； (5)市场开发完成，不需缴纳维护费，即使中断该市场的销售也将继续拥有市场准入资格，并在以后年份继续使用。

如某企业在起始年已取得本地市场准入资格，可编制其 6 年市场开发计划，如表 5－3 所示：

表 5—3　　企业 6 年市场开发计划

市　场	第 1 年	第 2 年	第 3 年	第 4 年	第 5 年	第 6 年
区域市场						
国内市场						
亚洲市场						
国际市场						

5.1.2　市场订单选取规则

年初各企业的营销总监都要参加销售订货会议，并与客户见面。订单选取将根据市场地位、产品广告投放量、市场广告投放量、市场需求与竞争态势来判断，而模拟企业盈利的唯一来源只有销售产品。因此如何选择最有价值的销售订单，对企业而言意义重大。市场订单选取需掌握相关信息，如表 5—4 所示：

表 5—4　　市场订单信息理解

项　目	内　容
市场订单要素	普通订单：订单编号、产品数量、产品单价、总金额、应收账期 特殊订单：(1)加急订单；(2)有 ISO 9000 或 ISO 14000 认证要求订单
选单机会	投放广告后，分市场分产品进行，一轮选单结束有多余订单将进行第二轮选单，依此类推
选单顺序	优先选单权、广告投放额、某市场广告投放总额、上年该市场销售额、随机(招标或抓阄)
订单交货及违约处罚	缴纳违约金，若是市场老大，则取消老大的市场地位
选单技巧	计算产能、合理投放广告、正确分配产品在各个市场的分布、充分掌握竞争对手的信息

1. 市场订单要素

产品订单有普通订单和特殊订单两种。一张普通的市场订单如图 5—2 所示：

第1年　　本地市场　　LP1—1/6

产品数量：　2P1
产品单价：　5.5M/个
总金额：　11M
应收账期：　2Q

图 5—2　ERP 沙盘市场订单

(1)订单要素。

①订单编号。图5－2中的订单编号为LP1－1/6，分别代表市场、产品种类及该市场订单张数和本订单所处位置。具体来说，其中，L为本地市场，P1指P1产品，1/6代表第1年本地P1市场共有6张订单，本张订单为其中第1张订单。

②产品数量。订单上的产品数量规定的该订单交货数量，即按订单交货时必须一次性交够该订单要求的全部产品数量，否则整张订单按违约处理，图5－2中订单表明P1产品订单数量是2个。

③产品单价，表明该张订单的产品单价。图5－2中订单表明每个P1产品单价为5.5M。

④总金额，即该张订单销售所获得的总收入。图5－2中订单表明P1销售总金额为11M。

⑤应收账期。大多数情况下，企业销售产品时不能及时获得现金，而是获得有一定账期的应收款。销售订单上的账期，即指该张订单交货时的销售收入为第几期应收款，例如，某张订单的交货期为2Q，则表示销售款为第2期应收款；若账期为零，则交货时可及时收取现金，图5－2中订单表明P1产品应收账期是2Q。

(2)特殊订单。

特殊订单除具备普通订单的几个要素外，还需具备其他的一些要求，如ISO 9000、ISO 14000认证和“加急”字样。ISO 9000、ISO 14000认证订单表示获取该订单须取得ISO 9000、ISO 14000资格认证，否则视为违约单，若无相应的资格则不能选单。加急订单表示该张订单须当年第1季度交货，否则视为违约单。

2. 选单机会

每年年初，企业将有一次广告投放机会，这是获得本年度市场订单的基础。广告投放与订单选择机会的关系如下：

(1)广告投放按细分市场进行，企业只有在某个细分市场上投放的广告，才能获得该细分市场的选单机会，即获得一次选单机会，每次选单机会至少投放广告费1M。

(2)企业在某细分市场选单机会的次数取决于它在该细分市场投放广告的金额多少，如企业在某细分市场上投放广告少于3M，则只有一次选单机会；若在该细分市场广告投放额达到3M，理论上则可以获得两次选单机会；若广告费为5M，理论上有三次选单机会；依此类推，企业每多投放2M广告，可获得多一次的选单机会。

(3)如果企业投放了足够多的广告费，并实际获得多次选单机会，但企业已经获得足够多的订单，或者剩余订单，不适合企业时，则可放弃选单机会。

企业投放广告多少只表明选单的可能性，并不代表实际可以选到这么多张订单。如果该细分市场订单数量有限，则企业实际能获得的选单次数会少于广告投放金额所对应的选单次数。例如，某企业在区域P2市场投放4M广告费，只有两次选取区域P2市场订单的机会，而该年度区域P2市场有订单五张，共有六个企业在该细分市场投放的广告，实际是没有企业放弃选单权利。该企业在区域P2市场实际获得的选单机会只有一次，在六个区域市场广告的企业中，排名在最后一家，甚至一次选单机会都没有。

3. 选单顺序(见图5－3)

当有多个企业在同一细分市场投放广告时，企业要按一定的顺序轮流选单，排在第一位的企业优先选单，轮到排在后一位的企业，每次可选一张订单。如果第一轮选单结束后还有订单剩余，在该细分市场投放广告在3M以上的企业有第二轮选单机会，依此类推，直到该细分市

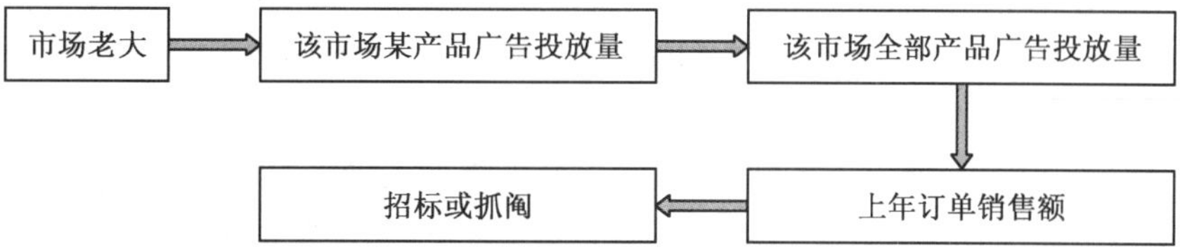

图5—3 选单顺序

场的订单全部被选完，或者所有投放广告的企业的选单机会全部用完。确定订单选择顺序应遵循以下具体规则：

(1)优先选单权。上一年某市场的市场老大下一年在该市场拥有优先选单权。市场老大是指某市场销售额最大的企业，例如，某企业第三年在区域市场的销售额比其他企业都多，则为本年度区域市场老大，第四年年初的订货会上拥有区域市场上的优先选单权，无论其他企业广告投放有多少，在区域市场的四个细分市场上，只要该企业有广告投放，都是第一个选单。

市场老大是按市场如本地市场老大、区域市场老大计算的，是比较该市场所有产品销售额之和，而不是单个品种产品的销售额。一旦成为某个市场的老大，下一年度企业在这个市场上所有投放的广告的产品上都拥有优先选单权，但市场老大不是固定不变的企业，即使在某个市场拥有老大地位，如果不能维持在该市场销售额最大，就会丢掉市场老大的资格。

(2)广告投放额。当某个市场上一年度没有销售额无法确定市场老大时，则按广告额投放的多少来确定选单顺序。在确定了市场老大的地位后，没有获得老大资格的企业选单顺序，也是按广告投放额的多少来排序的。如果没有设置市场老大规则，则所有企业的选单顺序都直接由广告投放额多少来决定。

(3)本市场广告投放总额。如果两个或两个以上企业均不是市场老大，在某细分市场上投放的广告额又相同，则它们在该市场投放广告的总额决定选单顺序。

(4)上年该市场销售额。如果两个不具备市场老大资格的企业，不仅在某细分市场上广告投放额相同，而且在该市场上投放广告的总额也一样，这时选单顺序的排列则由它们上一年度该市场的销售额决定。上一年度该销售额排在前面的，优先选单；销售额小的，则排在后面选单。

(5)招标或抓阄。如果两个企业在上述各项指标上都完全一样，无论是从细分市场广告费，还是从该市场广告投放总额，或者从上年度本市场销售额上都无法排出先后顺序时，随机选单。

注意：市场老大一旦想获得选单机会，则至少要投1M的广告费。无论投入多少广告费，每次只能选择一张订单，然后等待下一次选单机会。各个市场的产品数量是有限的，并非打广告一定能得到订单，能有效进行市场预测，并且利用商业间谍得力的企业一定能够占据优势。

4. 订单交货及违约处罚

(1)订单必须在规定时间交货，通常情况下不能提前交货。

(2)不能按时交货，按违约处理。收回订单，并按订单金额的20%扣违约金。若违约金不是整数，则向下取整。

(3)如果企业在违约订单上所占市场销售额最高，本应获得的市场老大资格，也因违约行为而取消。

当企业无足够数量的产品交货，面临违约风险时，不足产品既可进行系统采购，也可通过组间交易获得，通常设立系统采购产品。产成品的价格为该产品直接生产成本的三倍，组间交易价格则由双方商定，但不得低于该产品的直接生产成本，也不得高于该产品的直接生产成本的三倍。

处罚：因为不守信用，所以市场地位下降，以及如果市场老大没有按期交货，则其市场地位下降后，本年该市场没有老大。下一年该订单必须最先交货，交货时扣除该订单总额的 20%，取整作为违约金，计入当年综合费用或其他。

在实际操作中，营销总监对各个市场要拥有敏锐的洞察力和准确的判断力，做到左眼视显微镜盯企业，右眼视放大镜盯市场，需要专注于某个市场，又要对全局进行统筹安排。例如，营销总监应结合企业的产能状况、财务状况、市场地位、产品价格差异等因素，合理考虑各个市场的订单分布，具体如下：

(1)依据产能接适量的订单，防止因产能不足而出现违约。

(2)结合企业的财务状况，争取用最低的广告费用获取最高的销售额和利润，并保证现金及时回流。

(3)正确分配产品在各个市场的分布，保住或争取市场老大地位，尽量在利润率高的市场接单，选择正确的广告投放方式，如对于有明显优势，市场老大或竞争较弱的市场，可采取遍地开花的策略，即对各个产品均投少量的广告费，以获取大量的订单；对于竞争激烈的市场，可采用集中的策略，即在有利可图的市场上将广告费集中在某一个或两个产品上，以确保有单可选，避免浪费广告费，同时应注意广告费的规模，争取在平等竞争中获取优势。

(4)产品的广告费相同时，该市场从广告费多者优先选单，充分掌握竞争对手的广告策略和订单信息，并为我所用，选单的时候不仅要关注自己，而且要关注竞争对手，在订单数量和订单的约束条件上做文章。

举例：A 公司第一年在本地市场对 P1 产品投放了最多的广告费 18M，思考的是 18M 的广告费去争取市场老大地位，是否物有所值？风险是否太大？如果市场容量大而获得市场老大地位还好；如果市场容量小呢？如果第二年的广告费只有 6M，你得到的这个市场老大地位是否代价太大？如果分别用 10M 甚至 12M 去做产品开发和新市场开拓，是否更有价值？用多大的代价及打多少广告，争取本地市场老大地位比较合适？第一年订单的毛利分别为 22M、16M、14M、17M 和 4M。

5.1.3 市场开拓与 ISO 9000 和 ISO 14000 认证

市场开拓与 ISO 9000 和 ISO 14000 认证如图 5－4 所示：

管理体系	ISO 9000	ISO 14000
建立时间	>=2年	>=3年
所需投资	1M/年	1M/年

市场	区域	国内	亚洲	国际
完成时间	>=1年	>=2年	>=3年	>=4年
投资规则	1M/年	1M/年	1M/年	1M/年

图 5－4 市场开拓与 ISO 9000 和 ISO 14000 认证

市场开拓与 ISO 9000 和 ISO 14000 认证规则理解如表 5—5 所示：

表 5—5　　市场开拓与 ISO 9000 或 ISO 14000 认证规则理解

规　则	理　解
市场开拓	(1)允许同时开拓多个市场，投资按年度平均支付，即 1M/年，不允许加速投资； (2)资金短缺时，允许投资中断； (3)某一市场开拓完成后，即开拓时间和开发费用满足后，持开发费用到裁判台领取市场准入证，次年进入该市场选取产品接单
ISO 9000 和 ISO 14000 认证	随着客户对质量意识及环境意识的增强，他们对产品质量和环境质量的要求最终会反映在对企业产品的订单中，即部分订单要求接单企业通过相关的 ISO 认证。 (1)ISO 9000 和 ISO 14000 两项认证投资可同时进行，每项投资 1M/年，不可加速投资； (2)资金短缺时，允许投资中断； (3)ISO 资格认证资金和时间全部投资完成后，持投资费用到裁判台领取 ISO 9000 和 ISO 14000 资格证，当年市场开拓投资与 ISO 9000 和 ISO 14000 认证投资计入当年综合费用； (4)认证完成后无需缴纳维护费用，可长期使用

5.2　生产规则

5.2.1　厂房购买、租赁与出售

购买厂房后，将购买价放在厂房的价值处，表明该厂房的价值。厂房不计提折旧，租赁厂房的租金放在综合费用区的租金处，出售厂房的收入计入 4Q 营业收入款，不是可以马上使用的现金，急需用钱时可以贴现。如果厂房里仍有生产线，则需要马上支付租金。

企业生产需要相应的厂房来安置生产线。厂房可租赁、可购买，具体规则如图 5—5 所示。

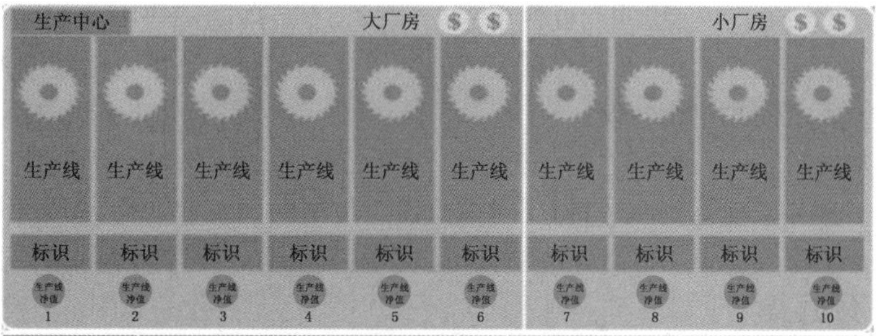

厂房	买价	租金	售价	容量
大厂房	40M	5M/年	40M(4Q)	6条生产线
小厂房	30M	3M/年	30M(4Q)	4条生产线

图 5—5　厂房购买、租赁与出售

(1)企业可购买大、小厂房各一个,也可选择租用。

(2)企业每个年度(年末)有一次性购买厂房的机会。厂房购买后在使用过程中不提折旧,价值也不发生变化。

(3)企业可随时出售已经购买的厂房。出售价格与购买价格相等,但不能及时获得相应的现金,只能得到相应数额的四期应收款。企业若需现金,则必须贴现。

(4)原已购买的厂房出售后,若厂房内有生产线及在当季转为租赁,并支付相应的租金,不影响生产线的使用。

(5)厂房租赁以年为单位,在租赁的当季支付一年的租金,第二年的同一季度再支付下一年的租金。

(6)在新的厂房建设生产线时可先购买该厂房,然后投资建设生产线,也可直接租厂房建设,并在当地支付相应的租金。

(7)企业可购买已租用的厂房,购买后不再支付租金。

5.2.2 生产线购买、转产、维护、出售与折旧

ERP 沙盘模拟有四种不同的生产线:手工生产线、半自动生产线、全自动生产线和柔性生产线。它们在购置费、安装周期、生产效率、生产的灵活性上均有差异,各具特点,如图 5—6 所示:

生产线	购买价格	安装周期	生产周期	转产周期	转产费用	维护费用	出售残值
手工线	5 M	无	3Q	无	无	1M/年	1M
半自动	10 M	2Q	2Q	1Q	1M	1M/年	2M
全自动	15M	3Q	1Q	1Q	2M	1M/年	3M
柔性线	20M	4Q	1Q	无	无	1M/年	4M

图 5—6 生产线购买、转产、维护、出售与折旧

(1)手工生产线。一种低技术含量的生产线,优点是生产灵活性好,在同一条生产线上生产不同产品时不需要转产,新建手工线时,安装周期短,且购置费用低;缺陷是生产周期长,生产效率低下,每条生产手工线一年的生产能力只有 3/4 个产品。

(2)半自动生产线。生产线的购置费用、生产周期、安装周期都居中,比手工生产线高,但比全自动生产线和柔性生产线低,同时其生产的灵活性差。同一条半自动线生产不同的产品时需要一定的时间和费用进行转产。

(3)全自动生产线。一种高效率的先进生产线,最大的优点是生产周期短,生产效率高。一条全自动生产线年产量达到四个,但同时为此需要付出的购置费用高,安装程序也复杂,需要的安装周期长。另一个不足之处是灵活性不强。同一条生产线生产不同的产品时也需要一定的时间和费用进行转产。

(4)柔性生产线。这是一种灵活的高效率生产线。这种生产线的生产效率与全自动生产线相同,且具有很强的灵活性。与手工生产线一样,同一条柔性生产线上生产不同的产品时也不需要转产。正因为如此,它比全自动生产线的购置费用更高,安装周期也更长。

生产线购买、转产、维护、出售与折旧规则如下:

(1)生产线新建/购置:投资新生产线时,按安装周期平均支付投资,全部投资到位的,下一个季度从领取产品标识开始生产。

(2)生产线转产:现有生产线转产生产新产品时需要一定的转产周期,并支付一定的转产费用。最后一笔转产费用支付后一个季度方可更换产品标识。

(3)生产线维护:当年在建的生产线和当年出售的生产线不用交维护费。

(4)生产线出售:无论何时出售生产线,价格均为残值。该部分转为现金,净值与残值之差计入损失,计入综合费用表中"综合费用——其他"项。

(5)生产线折旧:采用五年平均年限法。当年建成的生产线不计提折旧。当生产线净值等于残值时,不计提折旧,可以继续使用。

生产线规则理解如表 5－6 所示:

表 5－6　　生产线规则理解

规　则	理　解
新建/购置	企业可根据市场需求和企业资源的投资,建设新的生产线,扩大生产规模: (1)生产线的建设投资按季度进行(半自动线、全自动线、柔性线),生产线建成时需要确定该生产线生产的产品种类,并且只能选择生产企业已经获得生产资格的产品; (2)生产线的购置费用不是一次性投入,而是按其安装周期平均投入,如全自动生产线的安装周期为三个季度,新建一条全自动生产线时购买费用为 15M,分三次平均投入,每季度投资 5M; (3)新建生产线时,允许中途暂停建设,恢复建设后仍需要按季度完成全部投资才可投入使用; (4)全部投资资金到位以后的下一个季度方可领取生产线标识,即该生产线生产的产品品种,并开始上线(原材料＋人工费)生产产品。
转产	手工生产线和柔性生产线无转产周期,产品下线之后,可随时更换下一批生产的产品种类;半自动生产线和全自动生产线需要一定的时间和费用进行转产。要对某条生产线进行转产时,该条生产线必须处于空闲状态。 　　举例:企业欲将一条生产 P1 产品的半自动生产线转为生产 P2 产品的生产线,本年第二个季度,该半自动生产线上的产品下线,让其处于空闲状态后,支付 1M 费用即可立即转产,第三季度便可上线生产 P2 产品,若是全自动生产线进行转产,支付的转产费用是 2M,则也需要空闲一个季度。
维护	(1)生产线建成之后,无论是生产中的生产线还是转产中或是停产中的生产线,都要交维护费; (2)四种不同类型生产线的维护费用相同,每条生产线都需要 1M 的维护费,年底现金缴费; (3)年末,尚在建设中的生产线不需要缴纳维护费; (4)年内卖掉的生产线当年不缴纳维护费。 举例:某企业现有三条手工生产线和一条半自动生产线。当年度第二季度开始投资建一条全自动生产线,该生产线在当年第四季度完成全部投资,下年第一季度可建成投产。该条生产线在当年年末仍处于在建状态,不需要交维护费,同时该企业在第四季度出售一条手工生产线,尽管这条手工生产线在当年内一直处于生产中,并于第一季度和第四季度分别下线一个产品,但由于其年末时已经出售,因而不需要维护,所以该企业本年度末支付的维护费为 3M
出售	(1)出售生产线时,该生产线应处于空闲状态,即生产线上有产品时不能出售; (2)无论何时出售生产线,其出售价格均为该生产线的残值,当生产线净值大于残值时,残值计入现金,其差额作为损失计入综合管理费用的其他项; (3)生产线可出售,但不允许在不同厂房间移动
折旧	生产线作为企业的固定资产,需要计提折旧,根据 5 年平均折旧进行,如表 5－7 所示: (1)生产线建成当年不提折旧,从建成第二年开始计提折旧,一共折旧四年; (2)生产线折旧完成后,其残值为该生产线原值的 1/5,第 6 年开始,虽然不再计提折旧,但不影响生产线的继续使用,其使用功能不变

表 5—7 生产线折旧规则

生产线	购买价格	出售残值	建成第 1 年	建成第 2 年	建成第 3 年	建成第 4 年	建成第 5 年
手工生产线	5M	1M	0	1M	1M	1M	1M
半自动生产线	10M	2M	0	2M	2M	2M	2M
全自动生产线	15M	3M	0	3M	3M	3M	3M
柔性生产线	20M	4M	0	4M	4M	4M	4M

5.2.3 原材料采购与产品生产规则

原材料采购与产品生产见图 5—7。

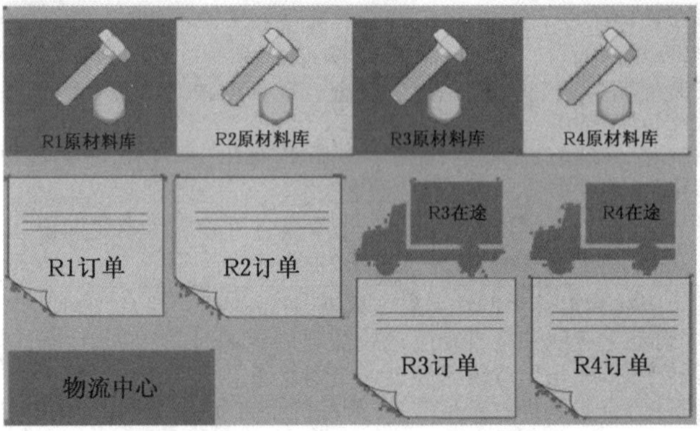

图 5—7 原材料采购与产品生产

采购：用空桶表示原料订货，并将其放在相应的订单上，R1、R2 订货必须提前一个季度，R3、R4 订货必须提前两个季度，根据采购订单接收相应的原料入库，并按规定付款。

生产：开始生产时，按产品结构要求将原料放在生产线上，并支付加工费。各种生产线生产所有产品的加工费均为 1M/产品，空生产线才能上线生产。一条生产线在同一时刻只能生产一个产品。上线生产必须有原料，否则必须停工待料。

紧急采购：紧急采购订货，付款即到货，原料价格为直接成本的两倍，产品价格为直接成本的三倍，多于直接成本的支出计入损失(综合费用——其他)。

原材料采购与产品生产规则理解如表 5—8 所示：

表 5—8 原材料采购与产品生产规则理解

规　则	理　解
原材料采购	企业生产中用到的原材料有四种 R1、R2、R3、R4。原材料采购必须先下订单，其价格和采购提前期如表 5—9 所示： (1)不同种类的原材料购买价格相同，均为 1M/个； (2)R1、R2 采购提前期为一个季度，R3、R4 采购提前期为两个季度； (3)已下订单的原材料到达企业时，企业必须无条件照单全收，并支付原料款； (4)原材料不足时可紧急采购，其价格是原价的两倍； (5)原材料不足时可通过组间交易获得。对于组间交易价格，双方协调，但不得低于原材料的原价，也不得高于原材料原价的两倍

续表

规　则	理　解
产品生产	企业生产不同的产品需要不同的原材料。沙盘模拟中各产品的 BOM 构成如图 5—8 所示，产品的直接生产成本及构成如表 5—10 所示： (1)产品的直接成本等于原材料成本加上产品加工费； (2)产品上线生产时同时支付加工费； (3)不同生产线生产效率不同，但加工费相同，无论是在何种生产线上生产何种产品，加工费都是 1M； (4)一条生产线只能生产一种产品； (5)上线生产必须有原材料，否则必须停工待料

表 5—9　　原材料采购规则

原材料品种	价　格	采购提前期
R1	1M/个	1 个季度
R2	1M/个	1 个季度
R3	1M/个	2 个季度
R4	1M/个	2 个季度

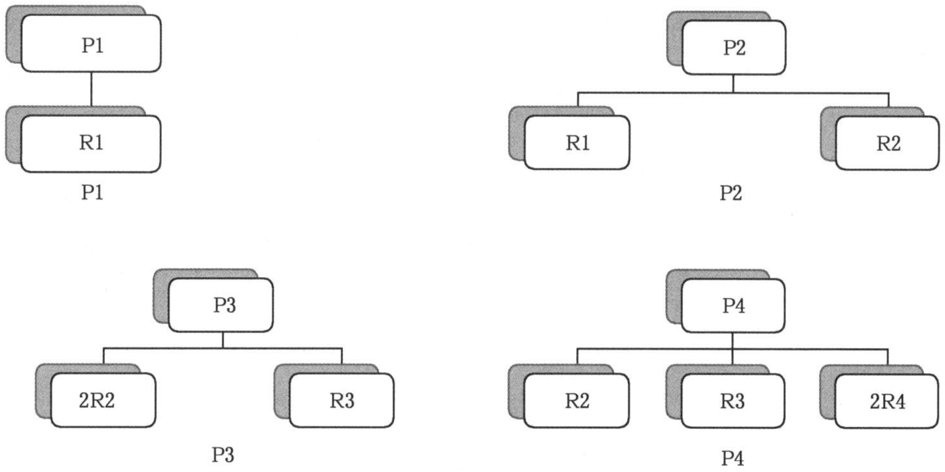

图 5—8　产品物料清单(BOM)结构

表 5—10　　产品直接生产成本构成

产　品	加工费	产品组成	产品直接成本
P1	1M	1R1	2M
P2	1M	1R1＋1R2	3M
P3	1M	2R2＋1R3	4M
P4	1M	1R2＋1R3＋2R4	5M

5.2.4 新产品研发规则

企业生产P系列产品，根据技术含量的高低分别为P1、P2、P3、P4，其研发的时间和投入的资金也随技术含量的高低而增减，如图5—9所示。新产品研发规则理解如表5—11所示。

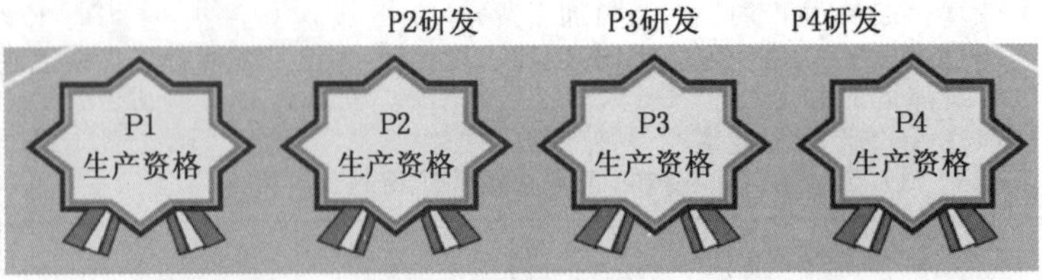

产品	P2	P3	P4
研发时间	4Q	6Q	6Q
研发投资	4M	6M	12M

图5—9 新产品研发

表5—11 新产品研发规则理解

规　则	理　解
新产品研发	(1)新产品可同步研发，研发费用按研发周期平均支付，即按季度平均支付研发费用，不得加速研发； (2)资金短缺时，研发可中断也可终止，若中断后继续研发，则仍需投资满要求的周期和费用； (3)某产品研发费用全部到位后可换取该产品的生产资格证，下季度即可生产该产品，即支付全部研发费用后的下一个周期可开始生产新产品，提前接订单。 举例：P3产品的研发周期为6Q，企业从第1年1Q开始研发P3，最快要到第2年2Q才能完成研发，因此最快要到第2年3Q才可开始生产P3产品。企业在参加第2年年初销售订货会时已经可以接P3产品订单，虽然此时P3产品的研发尚未完成。研发投资通过综合费用支付。全部研发费用完成后，持全部投资到裁判台，换取产品生产资格证。

5.3 融资规则

资金是一切企业经营活动的基础。ERP沙盘模拟中企业主要的融资渠道有长期贷款、短期贷款、应收款、贴现、高利贷等，如图5—10所示。

长期贷款最长期限为五年；短期贷款及高利贷期限为一年，不足一年的按一年计息。长期贷款每年需还利息，新贷长期款，次年开始交利息；当年还的长期贷款，该年也要交利息。短期贷款到期时还本付息(贷款只能是20M的整倍数)。资金贴现，在有应收款时随时可以进行，金额是8M的整倍数，无论应收款期限长短，每8M中拿出1M交贴现费。

库存拍卖：原料为8折，成品为原价；原料拍卖价格向下取整。

融资贷款与资金贴现规则理解如表5—12所示：

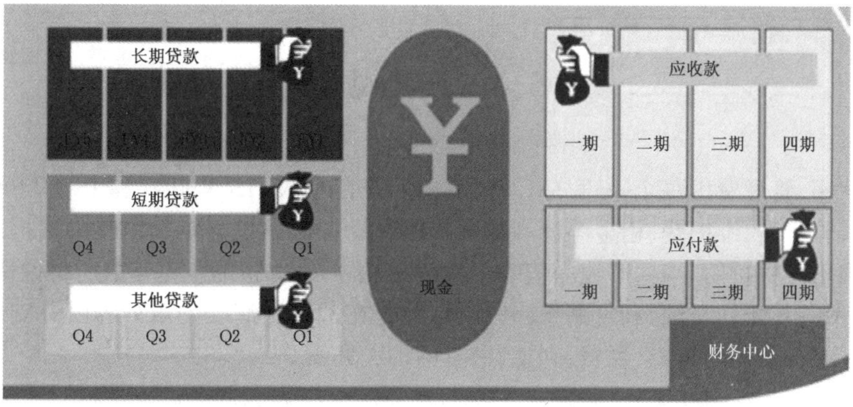

贷款类型	贷款时间	贷款额度	年息	还款方式
长期贷款	每年年末	上年权益2倍	10%	年底付息，到期还本
短期贷款	每季度初	上年权益2倍	5%	到期一次还本付息
高利贷	任何时间	与银行协商	20%	到期一次还本付息
资金贴现	任何时间	视应收款额	1:7	变现时贴息

图 5—10　融资贷款与资金贴现

表 5—12　　融资贷款与资金贴现规则理解

规　则	理　解
长期贷款	(1)年末申请长期贷款,每次申请长期贷款只能是 20M 的整倍数; (2)本年长期贷款的最大额度=上一年所有者权益×2-已有长贷之和; (3)长期贷款年限为 5 年,新贷长贷当年不付利息,从第 2 年开始,每年按 10%的年利率支付利息,到期还本时,仍需支付最后一期利息; (4)如有长期贷款到期,需偿还贷款本息后才能申请新的贷款
短期贷款	(1)每季度初申请短期贷款,每次申请短期贷款只能是 20M 的整倍数; (2)短期贷款的最大额度=上一年所有者权益×2-已有短贷之和; (3)短期贷款时间为 1 年,即四个季度; (4)短期贷款在贷款到期时一次性还本付息,利息为 5%; (5)若有短期贷款到期,则需偿还贷款本息后才能申请新的贷款
高利贷	1 年内任何时间可进行,利息为 20%,到期一次性还本付息
资金贴现	应收款是企业出售产品形成的,若企业现金不足,则可通过贴现业务将未到期的应收款转化为现金: (1)只要企业有应收款,随时可贴现; (2)进行贴现业务时,需要扣除一定的贴现费用,比例为 1∶7 (3)同期的应收款可以合并贴现,不同期的应收款不能合并贴现
库存出售	当企业资金断流面临破产时,可以通过出售库存原材料和产成品来融资。库存出售的对象可以是系统(裁判),也可以是其他企业。 (1)系统交易:可以随时向系统出售原材料和产品,以获取现金。原材料出售价为其原价的八折,产成品的出售价为其直接生产成本,若出售库存所得不是整数,则向下取整。不同种类的原材料出售时可合并计算其出售价格,如某企业向系统出售 2 个 R1、1 个 R2、2 个 R4,计算出售所得时合并为出售 5 个原材料 4M 现金。 (2)组间交易:企业可随时进行原材料和产成品的组间交易,交易款以现金的形式进入企业现金库。组间交易的价格由交易双方协商确定,但原材料交易价格不得低于其成本,也不得高于其原价的两倍。产成品的交易价不得低于其直接生产成本,不得高于其直接生产成本的三倍

5.4 其他规则

综合费用、管理费用每个季度 1M,市场开拓、产品研发、ISO 9000 和 ISO 14000 认证投资、广告费、转产费、维护费、租金等计入综合费用。设备折旧按五年平均年限法折旧,当年建成的生产线不计提折旧,当生产线净值等于残值时,不再计提折旧。每年的所得税税费计入应交税费,在下一年年初交纳,利息贴息、利息、贴息等在试算利润表中单列为财务支出,不计入综合费用。综合费用与折旧、税费、利息、贴息的构成见图 5—1。

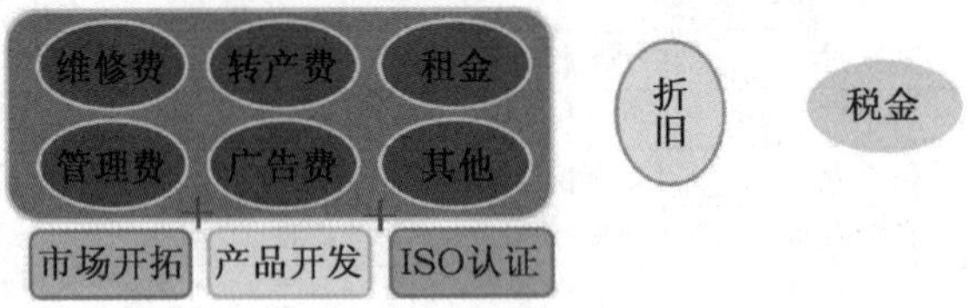

图 5—11 综合费用与折旧、税费、利息、贴息

5.5 破产规则

企业在市场上生存下来的基本条件包括两个:一是以收抵支,二是到期还债。如果企业出现以下两种情况将宣告破产:

(1)资不抵债,当企业取得的收入不足以弥补支出时,年末结账时所有者权益就会为负,企业就会破产;

(2)当企业到期的负债无力偿还时,现金出现断流,即没有足够的资金支付,必须以现金方式支付的费用,企业也会破产。

5.6 总成绩计算规则(奖励和罚分规则)

在 6 年的模拟中,每个公司(小组)在客户、市场、资源及利润等方面进行了一番真正的较量,最后根据各企业第 6 年所有者权益、综合发展潜力系数等对各个企业进行综合排名,以评定市场竞争的成绩,其中,企业综合发展潜力加分表如表 5—13 所示。总成绩计算公式如下:

总成绩=第 6 年所有者权益×(1+企业综合发展潜力/100)—罚分

市场竞争中的奖励加分和处罚扣分可根据实际情况确定,若获得市场老大则可加分,年底交账速度快可加分等。

表 5—13　**企业综合发展潜力加分表**

序　号	项　目	综合发展潜力系数
1	手工线	+3/条
2	半自动线	+5/条
3	自动线	+8/条
4	柔性线	+10/条
5	区域市场开发	+7
6	国内市场开发	+8
7	亚洲市场开发	+9
8	国际市场开发	+10
9	ISO 9000	+8
10	ISO 14000	+10
11	P2 产品开发	+8
12	P3 产品开发	+9
13	P4 产品开发	+10
14	大厂房	+10
15	小厂房	+5

第 6 章　ERP 沙盘模拟经营企业规则应用

用友 ERP 企业经营物理沙盘一年分为三个时间段运营，即年初 4 项运营、年中 4 个季度运营(每季度 19 项)和年末 6 项运营，其中有 5 项特殊工作能随时进行，具体经营活动内容如表 6—1 所示：

表 6—1　　**企业经营活动(年度)**

阶　段	活　动	备　注
年初	年度规划会议、参加订货会/登记销售订单、制定新年度计划、支付应交税费	4 项工作
四季度	短贷、采购、产品生产及研发、按定单交货、现金收入支出对账	19 项工作，每季度重复 1 次
年末	长贷、年末付款、结账	6 项工作
特殊工作	应收款贴现、厂房贴现、紧急采购、出售库存、缴纳违约订单罚款	5 项工作，紧急时采用，可随时进行

每年的运营由首席指挥官 CEO 指挥，首席运营官 COO 协助，各岗位(财务总监 CFO、营销总监、生产总监、采购总监、人力资源总监及各自助理)管理人员分别填写本部门的相关运行表格(详见第三篇操作篇——学生)，有序完成一年的经营。各岗位人员需各司其职，在部门运行表格中填写自己负责的经营数据。

(1)CEO/COO 在经营记录流程表中打“√”，表示完成该项任务；

(2)财务总监 CFO 记录明细现金流入与流出、费用发生、融资发生情况，记录的是金额的变化；具体表现为年初编制现金预算表、填写订单登记表，每季度记录现金流入与流出、费用支出，年末填写产品核算统计表、综合费用明细表，编制简易利润表、简易资产负债表；

(3)营销总监记录每季度产品研发、产成品出入库情况，年末市场开发和 ISO 9000、ISO 14000 认证情况，其中，产成品出入库记录的是个数的变化。

(4)生产总监记录生产线建设和变动情况、在制品变化情况，其中，在制品变化记录的是个数的变化。

(5)采购总监记录原材料订货、出入库情况，记录的是原材料个数的变化。

6.1　年初 4 项工作

年初 4 项工作如表 6—2 所示：

表 6—2　　年初 4 项工作明细

工　作	内　容
年度规划会议	编制销售预算、产品生产及材料需求计划表
参加订货会/登记销售订单	投放广告，填写广告报价登记表、订单登记表
制定新年度计划	编制开工计划表、材料需求计划表、材料采购计划表、现金预算表
支付应交税费	支付上一年利润表中的“所得税”项金额

6.1.1　召开年度规划会议

《礼记·中庸》有言：“凡事预则立，不预则废。”对于企业经营而言，每年开始之际，企业管理团队需做市场预测，制定或调整企业战略，以制定本年的经营计划、投资计划、营销方案等。新年度规划会议具体应围绕两个方面展开：

（1）编制销售预算。主要对本年度需达到的销售目标进行预测，具体有：①市场开拓规划；②ISO 认证开发规划；③产品研发投资规划；④设备投资规划。

（2）计算本年可接单量。该数据取决于企业现有库存和生产能力，编制“产品生产与材料需求计划表”，如表 6—3 所示：

表 6—3　　产品生产与材料需求计划表

生产线		第一年				第二年			
		一季度	二季度	三季度	四季度	一季度	二季度	三季度	四季度
手工线	产品	→	→	→	→ P1 →	→	→	→ P1	
	材料	1R1			1R1				
半自动	产品	→	→	→ P2 →	→	→ P2 →	→	→ P2	
	材料	1R1+1R2		1R1+1R2		1R1+1R2			
全自动	产品	→	→ P2 →	→ P2 →	→ P2 →	→ P2 →	→ P2		
	材料	1R1+1R2	1R1+1R2	1R1+1R2	1R1+1R2	1R1+1R2			

续表

生产线			第一年				第二年			
			一季度	二季度	三季度	四季度	一季度	二季度	三季度	四季度
合计	完工产品	P1				1			1	
		P2		1	2	1	2	1	1	
		P3								
		P4								
	投入材料	R1	3	1	2	2	2			
		R2	2	1	2	1	2			
		R3								
		R4								

企业起始年规划会议决议如图 6—1 所示：

企业起始年规划决策

本年度以稳健为主，制定如下经营策略：

- 年初投广告费 1M；
- 本年度不做任何贷款(包括长贷、短贷等)；
- 每季度下 1 个 R1 原料订单，确保生产持续进行；
- 本年度不做任何投资(包括产品开发、市场开拓、资格认证等)。

图 6—1 起始年规划会议决议

【操作要点】

CEO 在运行流程表“新年度规划会议”处打“√”。

6.1.2 投放广告/参加订货会选单

年初工作重点内容之一是正确、合理地投放广告费。在 ERP 沙盘实训中，企业获利的唯一来源是销售产品，而产品销售多少取决于企业所接订单数量。广告投放直接影响所接订单数量，广告投放过多，不利于现金周转，造成浪费；广告投放过少，获取订单较少，影响利润，因此，合理投放广告、选择订单在年初工作中至关重要。营销总监在 CEO 的统一决策指挥下和财务总监、生产总监、采购总监协调沟通，合理投放广告。

ERP 沙盘模拟共有本地市场、区域市场、国内市场、亚洲市场和国际市场 5 种市场，P1、P2、P3、P4 共 4 种产品。我们将一个市场与产品的组合称为回合，则最多有 20 个回合，分别是(本地，P1)(本地，P2)(本地，P3)(本地，P4)(区域，P1)(区域，P2)……(国际，P3)(国际，P4)。每一个回合单独投放广告，各企业需要填写当年的广告报价登记表。如果该市场尚未开发出来，则不允许投放广告，但产品资格未开发完成可以投放广告。

在一个回合中，每投放 1M 广告费将获得一次选单机会，以后每多投 2M 增加一次选单机会，如：投入 7M 表示最多有 4 次机会，但是能否有 4 次拿单机会取决于市场需求、竞争态势；投入 2M 只能拿一张订单，只是比投入 1M 优先拿到订单。

例如：本企业起始年度在本地市场针对 P1 产品投放 1M 的广告费，营销总监根据每年市场投放订单数量不同填写广告报价登记表，如图 6—2 所示：

第 1 年

	P1
本地	

第 2 年

	P1	P2	P3
本地			
区域			

第 3 年

	P1	P2	P3	P4
本地				×
区域				
国内				×

第 4 年

	P1	P2	P3	P4
本地				
区域				
国内				×
亚洲				×

第 5 年

	P1	P2	P3	P4
本地				
区域				
国内				
亚洲				
国际			×	×

第 6 年

	P1	P2	P3	P4
本地				
区域				
国内				
亚洲				
国际				×

图 6—2　广告报价登记表

广告投放完毕核实后，订货会正式开始，各个企业按照选单顺序依次选单。订货会按照（本地，P1）（本地，P2）（本地，P3）（本地，P4）（区域，P1）（区域，P2）……（国际，P3）（国际，P4）的顺序依次展开。每回合选单可能有若干轮，每轮选单中，各队按照排定的顺序依次选单，但只能选一张订单。当所有队都选完一轮后，若还有订单，则开始进行第二轮选单，依次类推，直到所有订单被选完或所有队退出选单为止，本回合结束。某个回合有多次选单机会，只要放弃一次，则视同放弃该回合所有选单机会，但不影响后面回合选单。各企业应根据相应产能、设备投资计划选取订单，避免接单不足导致设备闲置或盲目接单，无法按时交货。

订单有五个要素：

（1）数量——要求各企业一次性按照规定的数量交货，不得多交，不得少交，也不得拆分交货。

（2）总价（总金额）——交货后企业将获得一定的应收款或现金。

（3）交货期——若是加急订单，则必须在当年第一季交货，否则可以在当年任一季交货，但必须当年交货,不得拖到第二年。

(4)账期(0Q/1Q/2Q/3Q/4Q)——在交货后过若干季度收到现金。若账期为 2Q,实际在第 3 季度完成交货,则将在下一年第 1 季度更新应收款时收到现金;收现时间从实际交货季度算起,若账期为 0,则交货时直接收到现金。

(5)ISO 要求——分别有 ISO 9000 及 ISO 14000 两种认证,企业必须具备相应认证方可获得有认证要求的订单。实物沙盘经营是否需要对 ISO 单独投放广告由裁判决定。

选单排序规则如图 5—3 所示。

(1)上年本市场销售排名第一的企业,如在该市场没有违约记录,称为市场老大,则在本年该市场投入广告的产品中(指所有产品)优先选单(若有几队并列销售第一,则可以抓阄或出价低者得单);

(2)按照各企业在某回合投放广告费的多少排定选单顺序;

(3)如果在一个回合中投入的广告费用相同,则按照投入本市场的广告费总和(即 P1、P2、P3 和 P4 的广告费之和),排定选单顺序;

(4)如果本市场的广告总额也一样,则按照上年本企业在该市场上实现的销售额排名,排定选单顺序;

(5)如果上年实现的销售额也相同,则由抓阄决定或出价低者得单。

选单结束后,及时填写订单登记表,如图 6—3 所示:

订单号										合计
市场										
产品										
数量										
账期										
销售额										
成本										
毛利										
未售										

图 6—3 订单登记表

【操作要点】

(1)营销总监填写广告报价登记表;

(2)财务总监登记现金支出,并在盘面中取出相应的现金放置于盘面“广告费”处;

(3)选单结束,填写订单登记表。

6.1.3 制定新年度计划

企业管理层根据本年度获取订单的实际情况,调整企业本年度计划,编制相应的表格,分别见表 6—4 和表 6—5:

(1)生产计划:编制“开工计划表”与“材料需求计划表”。

表 6—4　**开工计划表**

产　品	第一季度	第二季度	第三季度	第四季度
P1	1			1
P2	2	1	2	1
P3				
P4				
人工费(M)	3	1	2	2

表 6—5　**材料需求计划表**

产　品	第一季度	第二季度	第三季度	第四季度
R1	3	1	2	2
R2	2	1	2	1
R3				
R4				

(2)材料采购计划:编制“材料采购计划表”,见表 6—6。

表 6—6　**材料采购计划表**

材　料	上年第四季度		第一季度		第二季度		第三季度		第四季度	
	订购	入库	订购	入库	订购	入库	订购	入库	订购	入库
R1	3		1	3	2	1	2	2		2
R2	2		1	2	2	1	1	2		1
R3										
R4										
材料款				5		2		4		3

(3)现金预算:编制“现金预算表”,见表 6—7。

表 6—7　**现金预算表**

项　目	第一季度	第二季度	第三季度	第四季度
期初库存现金	18	13	14	4
支付上年应交税				
市场广告投入		8		
支付短期贷款利息				
支付到期短期贷款本金				
支付到期的应付款				
支付原材料采购现金	5	2	4	3

续表

项　目	第一季度	第二季度	第三季度	第四季度
支付生产线投资			8	8
支付转产费用				
支付产品加工费	3	1	2	2
收到现金前的所有支出	16	3	14	13
应收款到期收到现金	15	8	8	18
支付产品研发投资	3	3	3	3
支付管理费用	1	1	1	1
支付长期贷款利息				4
偿还到期的长期贷款				
支付设备维护费用				2
支付租金				
支付购买厂房款				
支付市场开拓投资				2
支付 ISO 认证投资				2
其　他				
现金收入合计	15	8	8	18
现金支出合计	20	7	18	27
现金多余或不足(—)	13	14		—5
向银行贷款				20
贴现收到现金				
期末现金余额	13	14	4	15

6.1.4　支付应交税费

依法纳税是每个企业及公民的义务。所得税数额为上一年利润表中的“所得税”项金额。当年交的是上一年产生的所得税。例如，本企业在起始年度应上交上一年度的“所得税”1M。

【操作要点】

财务总监取出相应的现金放置于沙盘盘面“税金”处，做现金收支记录。

【提示】关于所得税费用计算的详细方法：

所得税在用友 ERP 沙盘中是一个综合概念，大概可以理解成你模拟的企业经营盈利部分要交的税费。交税满足的几个条件是：

- 经营当年盈利(税前利润为正)。
- 连续弥补了前面至多 5 年亏损后，仍盈利。

以利润表的计算依据最为清晰，下面以实例说明，如表 6—8 所示：

表 6—8　　所得税费用计算(1)　　单位:万元

时　间	第 1 年	第 2 年	第 3 年	第 4 年	第 5 年	第 6 年
税前利润	—10	50	—20	—30	40	130
所得税费用	0	10	0	0	0	30
净利润	—10	40	—20	—30	40	100

第一年亏损当然不交所得税,第二年盈利 50 万元,补了第一年亏损后盈利 40 万元,税率为 25%,则所得税为 10 万元。第三、第四年亏损,不交所得税。第五年盈利,但不足以弥补第三、第四年的亏损,故不交所得税。此处需注意,第一年虽亏损,但在第二年已经弥补,所以第五年不需要再次弥补第一年的亏损。第六年盈利,需要与未交所得税的第三、四、五年累计计算应税利润,即(—20)+(—30)+40+130=120(万元),所以所得税费用为 30 万元。

总之,从当年开始,与前面连续无所得税年份(最多 5 年)的税前利润累加,得到应税利润,若大于零,则有所得税。

系统中只取整数,对小数如何处理呢? 下面用两个例子说明。

第三年累计税前利润为(—160)+50+111=1(万元),即应税利润为 1 万元,所得税费用为 0.25 万元,四舍五入,当年不交所得税。由于第三年没有交税,因而当年应税利润要累积到下年,第四年税前利润为 5 万元,则应税利润为(1+5=)6 万元,四舍五入,所得税费用为 2 万元,如表 6—9 所示。

表 6—9　　所得税费用计算(2)　　单位:万元

时　间	第 1 年	第 2 年	第 3 年	第 4 年
税前利润	—160	50	111	5
所得税费用	0	0	0	2
净利润	—160	50	111	3

第三年累计税前利润为(—160)+50+115=5(万元),即应税利润为 5 万元,所得税费用为 1.25 万元,四舍五入为 1 万元。由于第三年交了税,因此,当年的应税利润不需要累积到下年。第四年税前利润为 5 万元,即应税利润为 5 万元,所得税费用为 5 万元,如表 6—10 所示。

表 6—10　　所得税费用计算(3)　　单位:万元

时　间	第 1 年	第 2 年	第 3 年	第 4 年
税前利润	—160	50	115	5
所得税费用	0	0	1	1
净利润	—160	50	114	4

6.2　四个季度 19 项工作

年中(四个季度)19 项工作如表 6—11 所示:

表 6－11 年中 19 项工作明细

工　作	对应盘面内容
(1)季初现金盘点	现金库
(2)更新短期贷款/短期贷款还本付息/申请短期贷款(高利贷)	短期贷款
(3)更新应付款/归还应付款	应付款
(4)原料入库/更新原料订单	R1、R2、R3、R4 原材料库
(5)下原料订单	R1、R2、R3、R4 原料订单
(6)更新生产/完工入库	生产线/P1、P2、P3、P4 产品库
(7)投资新生产线/变卖生产线/生产线转产	生产线
(8)向其他企业购买原材料/出售原材料	R1、R2、R3、R4 原材料库
(9)开始下一批生产	生产线
(10)更新应收款/应收款收现	应收款
(11)出售厂房	厂房
(12)向其他企业购买成品/出售成品	P1、P2、P3、P4 产品库
(13)按定单交货	P1、P2、P3、P4 订单/P1、P2、P3、P4 产品库
(14)产品研发投资	P2、P3、P4 生产资格
(15)支付行政管理费	管理费
(16)其他现金收支情况登记	—
(17)现金收入合计	—
(18)现金支出合计	—
(19)期末现金对账	现金库

6.2.1 季初现金盘点

为了保证账(账面)实(实物)相符,企业应当定期对企业的资产进行盘点。沙盘企业中,企业的资产主要包含两大类:流动资产和非流动资产,其中,流动资产包括货币资金、应收账款、在制品、成品和原料,非流动资产包括土地及厂房、生产设施(生产线)、在建工程(在建生产线)。

盘点的方法主要采用实物盘点法,就是对沙盘盘面的资产逐一清点,确定实有数,然后将经营记录流程表上记录的余额与其核对,最终确定余额。盘点时,CEO 指挥、监督团队成员各司其职,认真进行。如果盘点的余额与账面数一致,各成员就将结果准确无误地填写在经营记录流程表的对应位置。季初余额等于上一季度末余额,由于上一季度末刚盘点完毕,所以可以直接根据上季度的季末余额填入。

【操作要点】

(1)财务总监:需要核对盘面现金与记录是否相符。根据上季度末的现金余额填写本季度初的现金余额。第一季度现金账面余额的计算公式:年初现金余额＝上年末库存现金－支付的本年广告费－支付上年应交的税金＋其他收到的现金。

(2)营销总监:根据上季度末产品数量填写本季度初产成品数量。

(3)生产总监:根据上季度末库存在产品数量填写本季度初在产品数量。

(4)采购总监:根据上季度末库存原材料数填写本季度初库存原材料。

(5)CEO:在监督各成员正确完成以上操作后,在经营记录流程表对应的方格内打对“√”。

6.2.2 更新短期贷款/还本付息/申请短期贷款(高利贷)

沙盘企业中,企业筹集资金的方式主要是长期贷款和短期贷款。长期贷款主要用于长期资产投资,比如购买生产线、产品研发等;短期贷款主要解决流动资金不足的问题,两者应结合起来使用。短期贷款的借入、利息的支付和本金的归还都是在每个季度初进行的。其余时间要筹集资金,只能采取其他的方式,不能贷入短期贷款。

企业随时可以向银行申请高利贷。高利贷贷款额度视企业当时的具体情况而定,用空桶表示,与短贷同样管理。

【操作要点】

1. 财务总监

(1)更新短期贷款。将短期借款(空桶或里面写金额)往现金库方向推进一格,表示短期贷款离还款时间更近。如果短期借款已经推进现金库,则表示该贷款到期,应还本付息。

(2)还本付息。短期贷款的还款规则是利随本清。财务总监从现金库中拿出利息放在沙盘“综合费用”的“利息”处;拿出相当于应归还借款本金的现金到交易处偿还短期借款。

如每桶需要支付 20M×5%＝1M 利息,因此若有 20M 短贷,则本金与利息共记 21M。财务总监从现金库中取现金,其中 20M 还给银行,1M 放置于沙盘上的“利息”处并做好现金收支记录。

(3)申请短期贷款。如果企业借入短期借款需到交易处借款,短期借款借入后,放置一个空桶在短期借款的第四账期(短贷 Q4)处,在空桶内放置一张借入该短期借款信息的纸条,并将现金放在现金库中。

本年短贷最大额度＝上一年所有者权益×2－已有短贷之和

(4)记录。在经营记录流程表对应的方格内记录偿还的本金、支付利息的现金减少数,登记借入短期借款增加的现金数。

2. CEO

在监督财务总监正确完成以上操作后,在经营记录流程表对应的方格内打“√”。

6.2.3 更新应付款/归还应付款

财务总监做好现金收支记录。

【操作要点】

财务总监将应付款向现金库方向推进一格,到达现金库,从现金库中取出现金,付清应付款。

6.2.4 原料入库/更新原料订单

企业只有在前期订购了原材料,在交易处登记了原材料采购数量的,才能购买原材料。其中，原材料 R1、R2 需提前一期下订单，原材料 R3、R4 需提前两期下订单。原材料供应商发出的订货已经运抵企业时，企业必须无条件接受货物并支付料款。

【操作要点】

1. 采购总监

(1)每个季度，企业应将沙盘中的“原材料订单”空桶向原材料仓库方向推进一格，表示更新原料订单。如果原材料订单本期已经推到原材料库，则表示原材料已经到达企业，需向财务总监申请原料款，支付给供应商，换取相应的原料。

(2)购买原材料。持现金和“采购登记表”在交易处支付相应的材料款买回原材料后，放在沙盘对应的原材料库中。

(3)记录。在“采购登记表”中登记购买的原材料数量，同时在经营记录流程表对应的方格内登记入库的原材料数量。

(4)如果企业订购的原材料尚未到期，则采购总监在经营记录流程表对应的方格内打“√”。

2. 财务总监

(1)付材料款。从现金库中拿出购买原材料需要的现金交给采购总监。

(2)记录。在经营记录流程表对应的方格内填上现金的减少数。

3. CEO

在监督财务总监和采购总监正确完成以上操作后，在经营记录流程表对应的方格内打“√”。

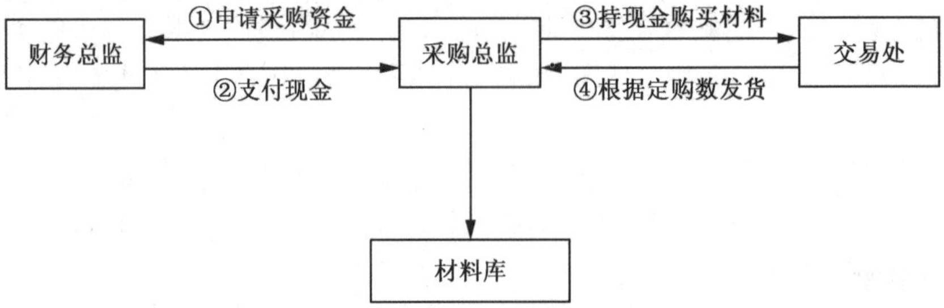

图 6—4　原材料采购入库流程

6.2.5　下原料订单

采购总监根据年初制定的采购计划，决定采购原料的种类及数量，每个空桶代表一个原料，将相应数量的空桶放置于对应种类的原料订单处。根据采购提前期，必须提前订货，如 R1 必须提前一个季度。企业购买原材料必须提前在交易处下原料订单，没有下订单不能购买，下原料订单不需要支付现金。

【操作要点】

1. 采购总监

(1)下原料订单。在“采购登记表”上登记订购的原材料种类和数量，在交易处办理订货手续，将从交易处取得的原材料采购订单放在沙盘的“原材料订单”处。

(2)记录。在经营记录流程表对应的方格内记录订单的原材料数量。

2. CEO

在监督采购总监正确完成以上操作后，在经营记录流程表对应的方格内打"√"。

6.2.6　更新生产/完工入库

生产总监负责指挥生产运营过程的正常进行。在产品生产过程中生产总监将各条生产线上的在制品从小数目方格向大数目方格推进一格，表示生产正常进行。在制品在 4Q 向前推进表示产品完工，产品下线后将产品放置于相应的产成品库中。一般在正常的生产情况下，企业应在每个季度更新生产；当产品完工后，应及时下线入库。

【操作要点】

1. 生产总监

(1)更新生产。将生产线上的在制品向前推一格。如果产品已经推到生产线以外，表示产品完工下线，则将该产品放在产品库对应的位置。

(2)记录。在经营记录流程表对应的方格内记录完工产品的数量。如果产品没有完工，则在经营流程表对应的方格内打"√"。

2. CEO

在监督生产总监正确完成以上操作后，在经营记录流程表对应的方格内打"√"。

6.2.7　投资新生产线/变卖生产线/生产线转产

企业要提高产能，必须对生产线进行改造，包括新购、变卖和转产等。生产总监需对生产设备进行维护和变更处理，通常有三种情况：投资新生产线(新购)、生产线转产和生产线变卖。新购的生产线安置在厂房空置的生产线位置，如果没有空置的位置，必须先变卖生产线。变卖生产线的目的主要出于战略的考虑，比如手工线换成全自动生产线等。如果生产线要转产，则应当考虑转产周期和转产费。

1. 投资新生产线

投资新生产线程序如图 6—6 所示：

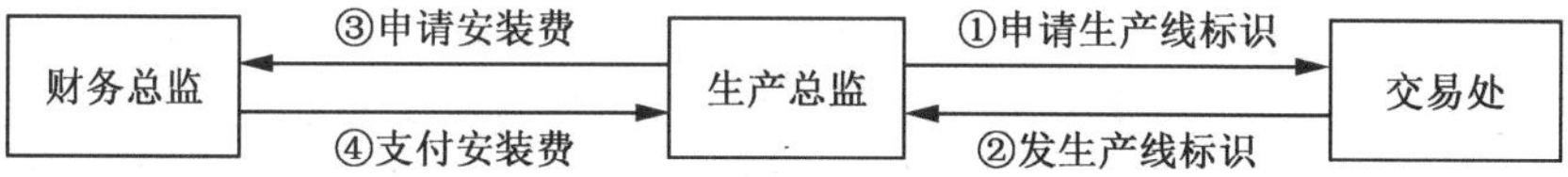

图 6—5　生产线投资流程图

生产线购买之后，需要进行 2 期(含 2 期)以上投资的均为在建生产线。以自动线为例，安装周期为 3Q，总投资额为 15M，安装操作可按表 6—12 进行：

表 6—12　自动线安装

操作时间	投资额	安装完成
1Q	5M	启动 1 期安装
2Q	5M	完成 1 期安装，启动 2 期安装
3Q	5M	完成 2 期安装，启动 3 期安装
4Q		完成 3 期安装，生产线建成

投资生产线的支付不一定需要连续，可以在投资过程中中断投资，也可以在中断投资之后的任何季度继续投资，但必须按照表6－12的投资原则进行操作，需注意的是：

(1)一条生产线待最后一期投资到位后，必须到下一季度才算安装完成，允许投入使用；

(2)生产线安装完成后，盘面上必须将投资额放在设备价值处，以证明生产线安装完成，并将生产线标识翻转过来；

(3)参赛队之间不允许相互购买生产线，只允许向设备供应商(管理员)购买；

(4)手工生产线安装不需要时间，随买随用；

(5)生产线建设完成不能在各厂房间随意移动。

【操作要点】

(1)生产总监

①领取新生产线标识。将生产线标识翻转放置于厂房相应的生产线位置，并在标识上面放置与该生产线安装周期数相同的空桶，代表安装周期。

②支付安装费。每个季度向财务总监申请建设资金，放置在其中的一个空桶内。每个空桶内都放置了建设资金，表明费用全部支付完毕，生产线在下一季度建设完成，每期建设金额＝设备总购买价值/安装周期。在全部投资完成后的下一季度，将生产线标识翻转过来，领取产品标识，可以投入使用。

(2)财务总监

①支付生产线建设费。从现金库取出现金交给生产总监用于每期生产线的投资。

②记录。做好现金收支记录，在经营记录流程表对应的方格内填上现金的减少数。

2. 生产线转产

生产线转产是指生产线转产其他产品(如P1转生产P2)，建成没有在制品的生产线方可进行转产，即空生产线才能进行转产。不同生产线类型转产所需要的调整时间和资金投入是不同的，手工线、柔性线可以生产任何产品，无须转产。以自动线为例，转产需要1个周期、2M转产费，在第一季度开始转产，投资2M转产费，第二季度完成转产，可以生产新产品。

【操作要点】

(1)生产总监

①更换标识。生产总监翻转生产线标识，持原产品标识在交易处更换新的产品标识，并将新的产品生产标识反扣在生产线的“产品标识”处，待该生产线转产期满可以生产产品时，再将该产品标识正面放置在“标识”处。

②支付转产费。如果转产需要支付转产费，则需向财务总监申请转产费，将转产费放在“综合费用”的“转产费”处。

③记录。正确完成以上全部操作步骤后，在经营流程记录表对应的方格内打“√”。

(2)财务总监

①支付转产费。如果转产需要转产费，则将现金交给生产总监。

②记录。在经营记录流程表对应的方格内登记支付转产费而导致的现金减少数。

(3)CEO

监督生产总监和财务总监正确完成以上操作后，在经营流程表对应的方格内打“√”。

3. 变卖生产线

在建及在产的生产线不可以变卖，空生产线或转产中的生产线可以变卖。生产线只能按残值变卖,放入现金区。其他剩余价值(净值－残值)放入“其他”费用处,记入当年“综合费用”。生产线交还给供应商即可完成变卖。

【操作要点】

(1)生产总监

①变卖生产线。将生产线及其产品生产标识交换给交易处,并将生产线的净值从“价值”处取出,等同于变卖的生产线的残值部分交给财务总监,相当于变卖收到的现金。

②净值与残值差额的处理。如果生产线净值大于残值,则将净值大于残值的差额部分放在“综合费用”的“其他”处,表示出售生产线的净损失。

(2)财务总监

①收现金。将变卖生产线收到的现金放在现金库。

②记录。在经营流程表对应的方格内记录现金的增加数。

6.2.8 向其他企业购买原料/出售原料

新产品上线时,原料库必须有足够的原料,否则需停工待料,此时采购总监可考虑向其他企业购买。

【操作要点】

1.采购总监

(1)购买/出售原材料。买方持现金支付相应的材料款买回原材料后,放在沙盘对应的原材料库中。卖方从原材料库中取出对应的原材料。

(2)记录。买卖双方在经营流程表对应的方格内登记入库/出库的原材料数量。

2.财务总监

(1)支付/收取材料款。原值购入时买方从现金库中拿出购买原材料需要的现金交给采购总监,卖方将收到的材料款交给财务总监放入现金库。高于原料价值时买方将差额(支出现金－原料价值)记入利润表中的其他支出,卖方将差额记入利润表中的其他收入。

(2)记录。在经营流程表对应的方格内填上现金的减少数/增加数。

3.CEO

在监督财务总监和采购总监正确完成以上操作后,在经营过程记录表对应的方格内打“√”。

6.2.9 开始下一批生产

更新生产/完工入库后,某些生产线的在制品已经完工,同时某些生产线已经建成,可以考虑开始生产新产品。进行下一批生产需满足三个条件:有原料、能支付加工费、有产品生产资格。如果有该产品生产资格,由生产总监按照产品结构从原料库中取出原料,并向财务总监申请产品加工费,将上线产品摆放到第一生产周期上。任何一条生产线只能生产一种产品,即在产品只能有一个。企业如果有闲置的生产线,则尽量安排生产。因为闲置的生产线仍然需要支付设备维护费、计提折旧,企业只有生产产品,并将这些产品销售出去,这些固定费用才能得到弥补。

【操作要点】

1.生产总监

(1)领原材料。从采购总监处申请领取生产产品需要的原材料。

(2)支付加工费。从财务总监处申请取得生产产品需要的加工费。

(3)上线生产。将生产产品所需要的原材料和加工费放置在生产线中(一个桶代表一个产品),表示开始投入产品生产。

(4)记录。在经营记录流程表对应的方格内登记上线产品数量。

2. 财务总监

(1)支付现金。审核生产总监提出的产品加工费申请后,将现金交给生产总监。

(2)记录。在经营记录流程表对应的方格内登记现金的减少数。

3. 采购总监

(1)发放原材料。根据生产总监的申请,发放生产产品所需要的原材料。

(2)记录。在经营记录流程表对应的方格内登记生产领用原材料导致原材料的减少数。

4. CEO

在监督生产总监、财务总监和采购总监正确完成以上操作后,在经营记录流程表对应的方格内打“√”。

6.2.10 更新应收款/应收款收现

沙盘企业中,企业销售产品一般收到的是“欠条”——应收款。每个季度,企业应将应收款向现金库方向推进一格,表示应收款账期的减少。当应收款被推进现金库时,表示应收款到期,企业应持应收款凭条到交易处领取现金。

【操作要点】

1. 财务总监

(1)更新应收款。将应收款往现金库方向推进一格。当应收款推进现金库时,表示应收款到期。

(2)应收款收现。如果应收款到期,则将相应的现金放入现金库。

(3)记录。在经营记录流程表对应的方格内登记应收款到期收到的现金数。

2. CEO

监督正确完成以上操作后,在经营记录流程表对应的方格内打“√”。

6.2.11 出售厂房

如果已购买的厂房中没有安装生产线,即空厂房可卖出,增加第四季度账期应收款,将代表厂房价值的现金放置于第四季度应收账款的位置;如果已购买的厂房中有生产线,卖出后增加第四季度账期应收款,厂房自动转为租用,从现金中扣除一年租金(将租金放在租金费用处),记下起租的季度(在应付账款第四季度处放一只内放租金金额字条的空桶)。

【操作要点】

1. 生产总监

(1)出售厂房。无生产线时将代表厂房价值的现金放置于第四季度应收账款的位置,有生产线时增加第四季度账期应收款,厂房自动转为租用,从现金中扣除一年租金(将租金放在租金费用处),记下起租的季度(在应付账款第四季度处放一只内放租金金额字条的空桶);

(2)记录。在经营记录流程表对应的方格内登记第四季度账期应收款,或扣除租金,记录第四季度应收账款。

2. 财务总监

(1)支付租金。厂房自动转为租用时。

(2)记录。在经营记录流程表对应的方格内登记减少的现金数。

3. CEO

监督正确完成以上操作后,在经营记录流程表对应的方格内打"√"。

6.2.12　向其他企业购买成品/出售成品

企业参加产品订货会时如果取得的销售订单超过了企业的最大生产能力,当年不能按定单交货,则构成违约,按规则将受到严厉惩罚。为此,企业可以从其他企业购买产品来交单。当然,如果企业有库存积压的产品,则也可以向其他企业出售。

【操作要点】

1. 营销总监

(1)谈判。在进行组间的产品买卖时,首先双方要谈妥产品的交易价格,并采取一手交钱一手交货的方式进行交易。

(2)购买/出售。买方从财务总监处申请取得购买产品所需要的现金,买进产品后,将产品放置在对应的产品库。(购进的产品成本应当是购进时支付的价款,在计算产品销售成本时应当按该成本计算。)卖方从产品库取出产品,从对方取得现金后将产品交给购买方,并将现金交给财务总监。

(3)记录。在经营记录流程表对应的方格内记录购入(增加)/出售(减少)的产品数量。

2. 财务总监

(1)付款。买方根据营销总监的申请审核后支付购买材料需要的现金。

(2)收到现金。卖方将出售产品收到的现金放进现金库。

(3)记录。将购买产品支付/出售产品收到的现金数记录在经营记录流程表对应的方格内。卖方如果出售产品多收到了现金,即组间交易出售产品价格高于购进产品的成本,表示向企业取得了交易收益,应当在编制利润表时将该收益记录在利润表的"其他收入/支出"栏。

3. CEO

在监督营销总监和财务总监正确完成以上操作后,在经营记录流程表对应的方格内打"√"。

6.2.13　按订单交货

营销总监检查各成品库中的成品数量是否满足客户的订单要求,若满足,则按照客户订单交付约定数量的产品给客户,必须按订单整单交货。加急订单必须第一季度交货,其余订单必须在当年交货,违约则收回当年订单。企业只有将产品销售出去才能实现收入,也才能收回垫支的成本。产品生产出来后,企业应按销售订单交货。

客户检查数量和交货期是否满足订单要求,若满足,则收货,并按订单上列明的条件支付货款,若为现金(0 账期)付款,直接将现金置于现金库,财务总监做好现金收支记录;若为应收账款,将现金置于应收账款相应账期处。

【操作要点】

1. 营销总监

(1)按订单交货。将销售订单和相应数量的产品拿到交易处销售,销售后将收到的应收款凭条或现金交给财务总监。

(2)记录。在完成上述操作后,在经营记录流程表对应的方格内打"√"。

2. 财务总监

(1)收到销货款。若为0账期,则将取得的现金放进现金库;若为应收款,则将现金置于应收款相应账期处。

(2)记录。在经营记录流程表对应的方格内登记现金的增加数。

3. CEO

在监督营销总监和财务总监正确完成以上操作后,在经营记录流程表对应的方格内打"√"。

6.2.14 产品研发投资

按照年初制定的产品研发计划,营销总监向财务总监申请研发资金,置于相应产品的生产资格位置。企业要研发新产品,必须投入研发费用。每个季度的研发费用在季末一次性支付。新产品研发完成,企业在下一季度可以投入生产。

【操作要点】

1. 营销总监

(1)研发投资。企业如果需要研发新产品,则从财务总监处申请取得研发所需要的现金,放置在产品研发对应位置的空桶内。如果产品研发投资完成,则从交易处领取相应产品的生产资格证放置在"生产资格"处。企业取得生产资格后,从下一季度开始,可以生产该产品。

(2)记录。在经营记录流程表对应的方格内打"√"。

2. 财务总监

(1)支付研发费用。根据营销总监提出的申请,审核后用现金支付。

(2)记录。如果支付了研发费,则在经营记录流程表对应的方格内登记现金的减少数。

3. CEO

在监督营销总监和财务总监完成以上操作后,在经营记录流程表对应的方格内打"√"。

6.2.15 支付行政管理费

管理费用是企业为了维持运营发放的管理人员工资、必要的差旅费、招待费等。财务总监每季取出1M摆放在"管理费"处,并做好现金收支记录。企业在生产经营过程中会发生诸如办公费、人员工资等管理费用。沙盘企业中,行政管理费在每个季度末一次性支付1M,无论企业经营情况好坏、业务量多少,都是固定不变的,这是与实际工作的差异之处。

【操作要点】

1. 财务总监

(1)支付管理费。每个季度从现金库中取出1M现金放置在综合费用的"管理费"处。

(2)记录。在经营记录流程表对应的方格内记录现金的减少数。

2. CEO

在监督财务总监完成以上操作后,在经营记录流程表对应的方格内打"√"。

6.2.16 其他现金收支情况登记

除以上引起现金流动的项目外,还有一些没有对应项目的,如未交订单罚款、高利贷利息、应收账款贴现等,可以直接记录在该项中。

6.2.17　现金收入合计

财务总监统计本季度现金收入总额。第四季度统计的现金收支数字中包括第四季度本身和年底发生的。

6.2.18　现金支出合计

财务总监统计本季度现金支出总额。第四季度统计的现金收支数字中包括第四季度本身和年底发生的。

6.2.19　期末现金对账

财务总监盘点现金余额，并进行核对。

6.3　年末 6 项工作

年末 6 项工作如表 6－13 所示。

表 6－13　　年末 6 项工作明细

工　作	对应盘面内容
支付租金/购买厂房	租金/厂房
更新长期贷款/支付利息/申请长期贷款	长期贷款
支付设备维护费	维修费
计提折旧	折旧
新市场开拓/ISO 资格认证投资	ISO 9000 资格、ISO 14000 资格、区域市场准入、国内市场准入、亚洲市场准入、国际市场准入
结账	—

6.3.1　支付租金/购买厂房

厂房为一大(6 条生产线)一小(4 条生产线)，企业最多只可以使用一大一小两个厂房。企业在新建生产线生产产品之前必须要有厂房。厂房可以购买，也可以租用。年末，企业如果使用没有购买的厂房，则必须支付租金；如果不支付租金，则必须购买。

选择租用，租金在开始租用的季度交付，财务总监即从现金处取等量灰币，放在盘面“租金费用”处，并将一只内放租金金额字条的空桶放在第四季度应付款处，每季度推进空桶。如果租用的厂房已满一年(如第一年第二季租，则第二年第二季称为满年)，则可以进行如下处理：

(1)不论是否有生产线，均可支付现金，转为购买(租转买)，此时，只需要按厂房的购买价格(大厂房 40M，小厂房 30M)扣除足量现金即可；

(2)如果厂房中没有生产线可以选择退租，则在盘面中将相应的应付款处空桶取走；

(3)对已租用的厂房继续租用时，需再次将相应的现金放在租金处，并将有租金字条的空桶放在第四季度应付款处。

【操作要点】

1. 财务总监

(1)支付租金。从现金库中取出现金放在综合费用的“租金”处。

(2)购买厂房。从现金库中取出购买厂房的现金放在厂房的“价值”处。

(3)记录。在经营记录流程表对应的方格内登记支付租金或购买厂房减少的现金数。

2. CEO

在监督财务总监完成以上操作后,在经营记录流程表对应的方格内打“√”。

6.3.2 支付利息/更新长期贷款/申请长期贷款

企业为了发展,可能需要借入长期贷款。长期贷款主要是用于长期资产投资,比如购买生产线、产品研发等。沙盘企业中,长期贷款只能在每年年末进行,贷款期限在一年以上,每年年末付息一次,到期还本。本年借入的长期借款下年末支付利息。长贷可用空桶(一个表示20M)或纸条表示,长贷最长可借五年。财务总监可到商业银行办理长贷手续,即去交易台获得相应数量的长贷现金,做好现金登记,并在长期贷款相应借款年份位置做好标记。

若企业还有贷款额度,则可以申请长贷。长贷申请必须是20的倍数。

可申请额度=上一年所有者权益×2—已有长贷之和

申请长期贷款的程序如图6—6所示。

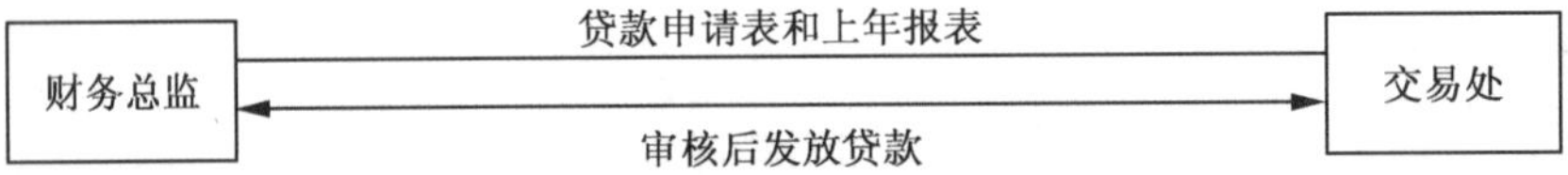

图6—6 长期贷款申请流程

【操作要点】

1. 财务总监

(1)更新长期贷款。在盘面上将长贷空桶往现金库方向推一格(表示1年),表示偿还期的缩短。如果长期借款已经被推至现金库中,则表示长期借款到期,应持相应的现金到交易处归还该借款。

(2)支付利息。根据企业已经借入的长期借款计算本年应支付的利息,之后从现金库中取出相应的利息放置在综合费用的“利息”处。

(3)申请长期贷款。持上年报表到交易处,经交易处审核后发放贷款。收到贷款后,将现金放进现金库中,同时放一个空桶在长期贷款对应的账期处,空桶内写一张注明贷款金额、账期和贷款时间的长期贷款凭条。如果长期贷款续贷,则财务总监持上年报表到交易处办理续贷手续。之后,同样放一个空桶在长期贷款对应的账期处,空桶内写一张注明贷款金额、账期和贷款时间的凭条。

(4)记录。在经营记录流程表对应的方格内登记因支付利息、归还本金导致的现金减少数,以及借入长期借款增加的现金数。

2. CEO

在监督财务总监完成以上操作后,在经营记录流程表对应的方格内打“√”。

6.3.3　支付设备维护费

设备使用过程中会发生磨损，要保证设备正常运转，就需要进行维护，通常设备维护会发生诸如材料费、人工费等维护费用。沙盘企业中，只有生产线需要支付维护费，年末只要有生产线，无论是否生产，都应支付每条生产线 1M/年的维修费。当年建成的生产线(不论在哪一季度)均需要支付设备维修费，尚未安装完工的生产线不支付维护费。设备维护费每年年末用现金一次性集中支付。

【操作要点】

1. 财务总监

(1)支付维护费。支付设备维护费时，从现金库中取出现金放在综合费用的“维护费”处。

(2)记录。在经营记录流程表对应的方格内登记现金的减少数。

2. CEO

在监督财务总监完成以上操作后，在经营记录流程表对应的方格内打“√”。

6.3.4　计提折旧

固定资产在使用过程中会发生损耗，导致价值减少，应对固定资产计提折旧。固定资产折旧是指固定资产出于损耗而转移到生产经营管理成果中去的那部分以货币表现的价值，以折旧的形式计入生产经营成本。折旧与现金流无关。厂房不提折旧，设备(生产线)按平均年限法计提折旧，在建工程及当年建成的设备不计提折旧，若净值等于残值，则无需再提折旧。财务总监从生产净值中取出折旧费放置于盘面“折旧”处。

沙盘企业中，固定资产计提折旧的时间、范围和方法可以与实际工作一致，也可以采用简化的方法。本教材沙盘采用了简化的处理方法，与实际的工作有一些差异。这些差异主要表现在：折旧在每年年末计提一次，计提折旧的范围仅仅限于生产线，在会计处理上，折旧费全部作为当期的期间费用，没有计入产品成本。

这里采用的折旧规则是 5 年平均年限法。具体计提数额参照表 6－14：

表 6－14　生产线折旧

生产线	购置费	残值	建成第 1 年	建成第 2 年	建成第 3 年	建成第 4 年	建成第 5 年
手工线	5M	1M	0	1M	1M	1M	1M
半自动	10M	2M	0	2M	2M	2M	2M
自动线	15M	3M	0	3M	3M	3M	3M
柔性线	20M	4M	0	4M	4M	4M	4M

当年建成生产线不计提折旧，当净值等于残值时生产线不再计提折旧，但可以继续使用。

【操作要点】

1. 财务总监

(1)计提折旧。根据规则对生产线计提折旧。计提折旧时，根据计算的折旧额从生产线的“价值”处取出相应的金额放置在综合费用旁的“折旧”处。

(2)记录。在经营记录流程表对应的方格内登记折旧的金额，无现金变化。

2. CEO

在监督财务总监完成以上操作后，在经营记录流程表对应的方格内打“√”。

6.3.5 新市场开拓/ISO 9000 或 ISO 14000 认证投资

企业要扩大产品的销路必须开发新市场。不同的市场开拓所需要的时间和费用是不相同的。同时，有的市场对产品有 ISO 资格认证要求，企业需要进行 ISO 资格认证投资。沙盘企业中，每年开拓市场和 ISO 资格认证的费用在年末一次性支付，计入当期的综合费用。只有每年第四季度允许该操作，可以中断投资，但不可以加速投资。新市场开拓/ISO 资格投资完成可携带开发费去认证中心(管理员)处换取相应的标识。

【操作要点】

1. 营销总监

(1)新市场开拓。从财务总监处申请开拓市场所需要的现金，放置在沙盘所开拓市场对应的位置。当市场开拓完成，年末持开拓市场费用到交易处领取“市场准入”的标识，放置在对应市场的位置上。

(2)ISO 资格认证投资。从财务总监处申请 ISO 资格认证所需要的现金，放置在 ISO 资格认证对应的位置。当认证完成时，年末持认证投资的费用到交易处领取“ISO 资格认证”标识，放置在沙盘对应的位置。

(3)记录。进行了市场开拓或 ISO 认证投资后，在经营记录流程表对应的方格内打“√”。

2. 财务总监

(1)支付费用。根据营销总监的申请审核后，将市场开拓/ISO 资格认证所需要的现金支付给营销总监。

(2)记录。在经营记录流程表对应的方格内记录现金的减少数。

3. CEO

在监督营销总监和财务总监完成以上操作后，在经营记录流程表对应的方格内打“√”。

6.3.6 结账

一年经营结束，年终进行“盘点”，一经关账，本年度的经营即结束，本年度所有的经营数据不能随意更改。关账后，在经营记录流程表对应的方格内打“√”。财务总监编制综合费用表、利润表和资产负债表。

年度经营结束之后，管理员会将盘面上的各项成本取走，为来年经营做好准备。

6.4 5项特殊工作

所谓特殊工作是指不受正常流程运行顺序的限制，需要时就可以操作的工作。

6.4.1 应收款贴现

贴现指将未来可以收到的应收账款提前收取，并支付一定的贴息费用。只要企业有足够的应收账款，就可以随时贴现(包括次年支付广告费时也可使用应收款贴现)。如果进行应收款贴现，按 1∶7 比例进行，如 8M 应收款贴现，7M 放入盘面“现金”处，1M 贴息放于盘面财务中心“贴息”处，小于 8M 的贴现也收取 1M 贴息。

【操作要点】

财务总监：从应收款中取出收现部分放于盘面“现金”处，其余（贴息）放于盘面财务中心“贴息”处。

6.4.2　厂房贴现

正常情况下出售厂房后，直接转入 4Q 的应收账款，但在急用的情况下且操作步骤没有进行到变卖厂房的操作时，可以利用厂房贴现直接将厂房的价值按照 4Q 应收账款贴现（按 1：7 的比例）。例如：如果紧急出售有生产线的大厂房，将实际转入现金 30M，其中，5M 转入贴现费用、5M 转入厂房租金。如果紧急出售的大厂房中无生产线，则将转入现金 35M。

【操作要点】

财务总监：将厂房价值分别转入盘面“现金”和财务中心“贴息”处。

6.4.3　紧急采购

有两种情况会用到此功能。

第一种：紧急采购原材料。

如果下一批生产原材料预定不够，又需要当期使用，则可以用成本价的 2 倍现金采购原材料。

【操作要点】

1. 采购总监

(1)购买原材料。向财务总监提出申请，持现金换取原材料，用一个灰币（现金）换取彩币（材料）放在沙盘对应的原材料库中，高于直接成本部分[一个灰币（现金）]置于盘面财务中心“其他”处。

(2)记录。在“采购登记表”中登记购买的原材料数量，同时在经营记录流程表对应的方格内登记入库的原材料数量。

2. 财务总监

(1)付材料款。从现金库中拿出购买原材料需要的现金交给采购总监。

(2)记录。在经营记录流程表对应的方格内填上现金的减少数。

第二种：紧急采购产成品。

按定单交货，发现产成品库存不足，可以用直接成本 3 倍的价格采购成品。

【操作要点】

1. 采购总监

采购总监向财务总监提出申请，获得现金（以直接成本价值现金）到供应商（管理员）处换取成品；另将高于直接成本部分（2 倍直接成本价值现金）放置于盘面“其他”处。

2. 营销总监

在经营记录流程表对应的方格内登记入库的产成品数量，做好记录。

3. 财务总监

(1)付采购款。从现金库中拿出购买产成品需要的现金交给采购总监。

(2)记录。在经营记录流程表对应的方格内填上现金的减少数。

6.4.4 出售库存

一旦现金断流，可以用此方式融资。产品可以按照成本价售出；原料按照 8 折（该参数可调整）的价格售出，即直接成本为 10M 原料，回收 8M 现金；若收回现金出现小数，则向下取整；如出售直接成本 8M 原料，则收回 6M 现金。

【操作要点】

1. 采购总监

（1）出售。携带产成品或原材料到供应商（管理员）处兑换相当于直接成本价值的现金，同时将低于直接成本（折价）部分置于盘面财务中心“其他”处。

（2）记录。经营记录流程表对应的方格内登记出库的原材料数量。

2. 营销总监

在经营记录流程表对应的方格内登记出库的产成品数量，做好记录。

3. 财务总监

（1）收款。增加相当于直接成本价值的现金入现金库。

（2）记录。在经营记录流程表对应的方格内填上现金的增加数。

6.4.5 缴纳违约订单罚款

企业经营，诚信为本，如果未能及时交货，则需要接受一定的惩罚，具体有以下几条：

（1）按订单销售额的一定比例缴纳罚款，并直接从现金中扣除，记入当年“其他”费用项；

（2）收回该订单；

（3）即使在该市场完成的销售额最高，也无权获得市场老大地位。财务总监应做好现金支出登记。

【操作要点】

财务总监：

（1）缴罚款：从现金库中取出该缴纳的罚款到管理员处。

（2）记录：在经营记录流程表对应的方格内填上现金的减少数。

6.5 年度经营财务处理及经营报表生成

简易利润表和简易资产负债表分别见表 6－15 和表 6－16。

表 6－15 简易利润表（以起始年为例） 单位：百万元

序号	项　目		上年同期数	本期数	数据来源
1	营业收入	＋	35	32	产品核算统计表中的销售额合计
2	营业成本	－	12	12	产品核算统计表中的成本合计
3	毛利	＝	23	20	产品核算统计表中的毛利合计
4	综合费用	－	11	9	综合费用明细表中的合计
5	折旧前利润	＝	12	11	序号 3 行数据－序号 4 行数据

续表

序号	项　目		上年同期数	本期数	数据来源
6	折旧*	−	4	4	盘点盘面上的折旧数据
7	支付利息前利润	=	8	7	序号 5 行数据−序号 6 行数据
8	财务收入/支出	+/−	4	4	支付借款、高利贷利息和贴息，计入财务支出
9	其他收入/支出	+/−	0	0	其他财务收支
10	利润总额	=	4	3	序号 7 行数据−/+序号 8、9 行数据
11	所得税费用	−	1	1	序号 10 行数据为正时除以 4，取整
12	净利润	=	3	2	序号 10 行数据−序号 11 行数据

* 原手工沙盘的折旧方法，如果采用平均年限折旧法，金额则应为 500 万元。

提示：(1)如果前几年净利润为负数，则当年的盈利可先用来弥补以前的亏损，然后计算所得税费用。(2)利润总额=支付利息前利润−财务支出−其他支出+财务收入+其他收入。

表 6−16　简易资产负债表(以起始年为例)　单位：百万元

资　产		年初余额	期末余额（数据来源）	负债和所有者权益		年初余额	期末余额（数据来源）
流动资产				负债			
货币资金	+	20	42(盘点现金库中现金)	短期借款	+	0	0(盘点短期借款)
应收账款	+	15	0(盘点应收账款)	应付账款	+	0	0(盘点应付账款)
在制品	+	8	8(盘点线上在制品)	应交税费	+	1	1(根据本年度利润表中的所得税费用)
成品	+	6	6(盘点库中成品)	一年内到期的非流动负债	+	0	0(盘点一年内到期的长期贷款)
原料	+	3	2(盘点原料库中原料)	长期借款	+	40	40(除一年内到期的长期贷款)
流动资产合计	=	52	58(以上 5 项之和)	负债合计	=	41	41(以上 5 项之和)
非流动资产				所有者权益			
土地及厂房	+	40	40(厂房价值之和)	实收资本	+	50	50(股东不增资的情况下为 50)
生产设施	+	13	9(设备净值之和)	利润留存	+	11	14(上一年利润留存+上一年年度净利润)
在建工程	+	0	0(在建设备价值之和)	年度净利润	+	3	2(利润表中的净利润)
非流动资产合计	=	53	49(以上 3 项之和)	所有者权益合计	=	64	66(以上 3 项之和)
资产总计	=	105	107(流动资产+非流动资产)	负债和所有者权益总计	=	105	107

6.6　起始年运营

学习了经营规则之后，老领导班子本着“扶上马，送一程”的原则，将带领新班子经营一年，称为起始年或第0年。新管理层在起始年的主要任务是磨合团队，进一步熟悉并掌握规则，明晰企业的运营流程，为将来的经营打下基础。起始年运行在教师的控制下进行。

老领导班子决定起始年以稳健为主，略有发展，制定如下经营策略：

- 不进行任何贷款；
- 不投资新的生产线；
- 不进行产品研发；
- 不开拓市场；
- 不进行 ISO 9000 或 ISO 14000 认证；
- 每季度订购一批 R1 原料；
- 生产持续进行。

起始年需要进行的有：

- 投广告费 1M；
- 获得一张订单；
- 每季度订购一批 R1 原料；
- 生产持续进行。

以财务用表为例，模拟企业每年的运行流程见表6—17。各团队应跟随教师的指令按流程逐步进行，并在沙盘盘面上做相应的操作。

表6—17　　模拟企业运行流程表(财务用表)　　单位：百万元

新年度规划会议				
参加订货会/登记销售订单				
制定新年度计划				
支付应交税费				
季初现金盘点(请填余额)				
更新短期贷款/还本付息/申请短期贷款(高利贷)				
更新应付款/归还应付款				
原料入库/更新原料订单				
下原料订单				
更新生产/完工入库				
投资新生产线/变卖生产线/生产线转产				
向其他企业购买原料/出售原料				
开始下一批生产				
更新应收款/应收款收现				
出售厂房				
向其他企业购买成品/出售成品				
按定单交货				
产品研发投资				

续表

支付行政管理费				
其他现金收支情况登记				
支付租金/购买厂房				
支付利息/更新长期贷款/申请长期贷款				
支付设备维护费				
计提折旧				(　)
新市场开拓/ISO 9000 或 ISO 14000 认证投资				
现金收入合计				
现金支出合计				
期末现金对账(请填余额)				
结账				

销售会议完成后，登记市场订单，填写市场订单登记表，见表 6—18：

表 6—18　　订单登记表　　单位：百万元

订单号	×××									
市场	本地									
产品	P1									
数量	6									
账期	2Q									
销售额										
成本										
毛利										
未售										

按企业运行流程逐步进行后，结果见表 6—19：

表 6—19　　起始年模拟企业运行流程表　　单位：百万元

新年度规划会议	√			
参加订货会/登记销售订单	1			
制定新年度计划	√			
支付应交税费	1			
季初现金盘点(请填余额)	18	14	10	22
更新短期贷款/还本付息/申请短期贷款(高利贷)	×	×	×	×
更新应付款/归还应付款	×	×	×	×
原料入库/更新原料订单	2	1	1	1

续表

下原料订单	√	√	√	√
更新生产/完工入库	√	√	√	√
投资新生产线/变卖生产线/生产线转产	×	×	×	×
向其他企业购买原料/出售原料	×	×	×	×
开始下一批生产	1	2	1	2
更新应收款/应收款收现	√	√	15	32
出售厂房	×	×	×	×
向其他企业购买成品/出售成品	×	×	×	×
按定单交货	×	√	×	×
产品研发投资	×	×	×	×
支付行政管理费	1	1	1	1
其他现金收支情况登记	×	×	×	×
支付租金/购买厂房				×
支付利息/更新长期贷款/申请长期贷款				4
支付设备维护费				4
计提折旧				(4)
新市场开拓/ISO 9000或ISO 14000认证投资				×
现金收入合计	0	0	15	32
现金支出合计	4	4	3	12
期末现金对账(请填余额)	14	10	22	42
结账				√

填写产品核算统计表(见表6—20)。

表6—20 **产品核算统计表** 单位:百万元

	P1	P2	P3	P4	合　计
数量	6	0	0	0	6
销售额	32	0	0	0	32
成本	12	0	0	0	12
毛利	20	0	0	0	20

综合管理费用明细表见表6—21:

表6—21 **综合管理费用明细表** 单位:百万元

项　目	金　额	备　注
管理费	4	

续表

项　目	金　额	备　注
广告费	1	
保养费	4	
租　金		
转产费		
市场准入开拓		□ 区域　□ 国内　□ 亚洲　□ 国际
ISO 资格认证		□ ISO 9000　□ ISO 14000
产品研发		P2(　)　P3(　)　P4(　)
其　他		
合　计	9	

编制起始年财务报表，包括简易利润表（见表 6—22）和简易资产负债表（见表 6—23）：

表 6—22　　简易利润表　　单位：百万元

项　目		上 年 数	本 年 数
销售收入	+	35	32
直接成本	—	12	12
毛利	=	23	20
综合费用	—	11	9
折旧前利润	=	12	11
折旧	—	4	4
支付利息前利润	=	8	7
财务收入/支出	+/—	4	4
其他收入/支出	+/—		
税前利润	=	4	3
所得税	—	1	1
净利润	=	3	2

表 6—23　　简易资产负债表　　单位：百万元

资　产	期初数	期末数	负债和所有者权益	期初数	期末数
流动资产			负债		
现金	20	42	长期负债	40	40
应收款	15	0	短期负债		
在制品	8	8	应付账款		
成品	6	6	应交税金	1	1

续表

资　产	期初数	期末数	负债和所有者权益	期初数	期末数
原料	3	2	一年内到期的长期负债		
流动资产合计	52	58	负债合计	41	41
固定资产			所有者权益		
土地和建筑	40	40	股东资本	50	50
机器与设备	13	9	利润留存	11	14
在建工程			年度净利	3	2
固定资产合计	53	49	所有者权益合计	64	66
资产总计	105	107	负债和所有者权益总计	105	107

第三篇

操 作 篇

第 7 章　实战操作——学生

7.1　起始年运营

(　　)公司起始年经营记录

角　色	填写表格
CEO	企业经营流程表
COO	企业经营流程表
CFO	企业经营流程表、现金预算表、订单登记表、产品核算统计表、综合费用明细表、简易利润表、简易资产负债表
营销总监/商业间谍	广告报价表、企业经营流程表、商业信息表
生产总监	生产计划及采购计划编制表、企业经营流程表
采购总监	材料采购计划表、企业经营流程表
人力资源总监	考勤表、企业经营记录表

CEO

企业经营流程 请按顺序执行下列各项操作	指导教师代替 CEO 控制团队成员运行起始年份，CEO 在团队成员完成每一项操作后在相应的方格内打"√"		
新年度规划会议			
参加订货会/登记销售订单			
制定新年度计划			
支付应交税费			
季初现金盘点(请填余额)			
更新短期贷款/还本付息/申请短期贷款(高利贷)			
更新应付款/归还应付款			
原料入库/更新原料订单			
下原料订单			
更新生产/完工入库			
投资新生产线/变卖生产线/生产线转产			
向其他企业购买原料/出售原料			
开始下一批生产			
更新应收款/应收款收现			
出售厂房			
向其他企业购买成品/出售成品			
按定单交货			
产品研发投资			
支付行政管理费			
其他现金收支情况登记			
支付租金/购买厂房			
支付利息/更新长期贷款/申请长期贷款			
支付设备维护费			
计提折旧			( )
新市场开拓/ISO 9000 或 ISO 14000 认证投资			
现金收入合计			
现金支出合计			
期末现金对账(请填余额)			
结账			

COO

企业经营流程 请按顺序执行下列各项操作	指导教师代替 CEO 控制团队成员运行起始年份，COO 在团队成员完成每一项操作后在相应的方格内打“√”		
新年度规划会议				
参加订货会/登记销售订单				
制定新年度计划				
支付应交税费				
季初现金盘点(请填余额)				
更新短期贷款/还本付息/申请短期贷款(高利贷)				
更新应付款/归还应付款				
原料入库/更新原料订单				
下原料订单				
更新生产/完工入库				
投资新生产线/变卖生产线/生产线转产				
向其他企业购买原料/出售原料				
开始下一批生产				
更新应收款/应收款收现				
出售厂房				
向其他企业购买成品/出售成品				
按定单交货				
产品研发投资				
支付行政管理费				
其他现金收支情况登记				
支付租金/购买厂房				
支付利息/更新长期贷款/申请长期贷款				
支付设备维护费				
计提折旧				(　　)
新市场开拓/ISO 9000 或 ISO 14000 认证投资				
现金收入合计				
现金支出合计				
期末现金对账(请填余额)				
结账				

CFO

企业经营流程 请按顺序执行下列各项操作	每执行完一项操作，财务总监（或助理）在相应方格内打“√”或“×”，只在涉及现金收支的方格中填写现金收支的具体数字（金额）			
新年度规划会议				
参加订货会/登记销售订单				
制定新年度计划				
支付应交税费				
季初现金盘点（请填余额）				
更新短期贷款/还本付息/申请短期贷款（高利贷）				
更新应付款/归还应付款				
原料入库/更新原料订单				
下原料订单				
更新生产/完工入库				
投资新生产线/变卖生产线/生产线转产				
向其他企业购买原料/出售原料				
开始下一批生产				
更新应收款/应收款收现				
出售厂房				
向其他企业购买成品/出售成品				
按定单交货				
产品研发投资				
支付行政管理费				
其他现金收支情况登记				
支付租金/购买厂房				
支付利息/更新长期贷款/申请长期贷款				
支付设备维护费				
计提折旧				（　　）
新市场开拓/ISO 9000或ISO 14000认证投资				
现金收入合计				
现金支出合计				
期末现金对账（请填余额）				
结账				

订单登记表

订单号											合计
市场											
产品											
数量											
账期											
销售额											
成本											
毛利											
未售											

产品核算统计表

	P1	P2	P3	P4	合 计
数量					
销售额					
成本					
毛利					

综合费用明细表 单位:百万元

项 目	金 额	备 注
管理费		
广告费		
保养费		
租 金		
转产费		
市场准入开拓		□ 区域 □ 国内 □ 亚洲 □ 国际
ISO 资格认证		□ ISO 9000 □ ISO 14000
产品研发		P2( ) P3( ) P4( )
其 他		
合 计		

利润表

项　目	上年数	本年数
销售收入	35	
直接成本	12	
毛利	23	
综合费用	11	
折旧前利润	12	
折旧	4	
支付利息前利润	8	
财务收入/支出	4	
其他收入/支出		
税前利润	4	
所得税	1	
净利润	3	

资产负债表

资　产	期初数	期末数	负债和所有者权益	期初数	期末数
流动资产			负债		
现金	20		长期负债	40	
应收款	15		短期负债		
在制品	8		应付账款		
成品	6		应交税金	1	
原料	3		一年内到期的长期负债		
流动资产合计	52		负债合计	41	
固定资产			所有者权益		
土地和建筑	40		股东资本	50	
机器与设备	13		利润留存	11	
在建工程			年度净利	3	
固定资产合计	53		所有者权益合计	64	
资产总计	105		负债和所有者权益总计	105	

营销总监

企业经营流程 请按顺序执行下列各项操作	每执行完一项操作，营销总监（或助理）在相应方格中填写产成品增减和销售情况（个数）。															
新年度规划会议																
参加订货会/登记销售订单																
制定新年度计划																
支付应交税费																
	第一季度				第二季度				第三季度				第四季度			
产成品库存台账	P1	P2	P3	P4	P1	P2	P3	P4	P1	P2	P3	P4	P1	P2	P3	P4
期初产成品盘点（请填余额）																
更新短期贷款/还本付息/申请短期贷款（高利贷）																
更新应付款/归还应付款																
原料入库/更新原料订单																
下原料订单																
更新生产/完工入库																
投资新生产线/变卖生产线/生产线转产																
向其他企业购买原料/出售原料																
开始下一批生产																
更新应收款/应收款收现																
出售厂房																
向其他企业购买成品/出售成品																
按定单交货																
产品研发投资																
支付行政管理费																
其他现金收支情况登记																
支付租金/购买厂房																
支付利息/更新长期贷款/申请长期贷款																
支付设备维护费																
计提折旧													（　　）			
新市场开拓/ISO 9000 或 ISO 14000 认证投资																
产成品入库合计																
产成品出库合计																
期末产成品对账（请填余额）																
结账																

生产总监

企业经营流程 请按顺序执行下列各项操作	每执行完一项操作，生产总监（或助理）在相应方格中填写在制品生产和产品研发投资情况（个数）。															
新年度规划会议																
参加订货会/登记销售订单																
制定新年度计划																
支付应交税费																
	第一季度				第二季度				第三季度				第四季度			
在制品台账	P1	P2	P3	P4	P1	P2	P3	P4	P1	P2	P3	P4	P1	P2	P3	P4
期初在制品盘点（请填余额）																
更新短期贷款/还本付息/申请短期贷款（高利贷）																
更新应付款/归还应付款																
原料入库/更新原料订单																
下原料订单																
更新生产/完工入库																
投资新生产线/变卖生产线/生产线转产																
向其他企业购买原料/出售原料																
开始下一批生产																
更新应收款/应收款收现																
出售厂房																
向其他企业购买成品/出售成品																
按定单交货																
产品研发投资																
支付行政管理费																
其他现金收支情况登记																
支付租金/购买厂房																
支付利息/更新长期贷款/申请长期贷款																
支付设备维护费																
计提折旧													（　　）			
新市场开拓/ISO 9000 或 ISO 14000 认证投资																
在制品上线合计																
在制品下线合计																
期末在制品对账（请填余额）																
结账																

采购总监

企业经营流程 请按顺序执行下列各项操作	每执行完一项操作，采购总监（或助理）在相应方格中填写材料收支情况（个数）。															
新年度规划会议																
参加订货会/登记销售订单																
制定新年度计划																
支付应交税费																
	第一季度				第二季度				第三季度				第四季度			
原材料库存台账	R1	R2	R3	R4	R1	R2	R3	R4	R1	R2	R3	R4	R1	R2	R3	R4
期初原料盘点（请填余额）																
更新短期贷款/还本付息/申请短期贷款（高利贷）																
更新应付款/归还应付款																
原料入库/更新原料订单																
下原料订单																
更新生产/完工入库																
投资新生产线/变卖生产线/生产线转产																
向其他企业购买原料/出售原料																
开始下一批生产																
更新应收款/应收款收现																
出售厂房																
向其他企业购买成品/出售成品																
按定单交货																
产品研发投资																
支付行政管理费																
其他现金收支情况登记																
支付租金/购买厂房																
支付利息/更新长期贷款/申请长期贷款																
支付设备维护费																
计提折旧													（　）			
新市场开拓/ISO 9000 或 ISO 14000 认证投资																
原料入库合计																
原料出库合计																
期末原料对账（请填余额）																
结账																

人力资源总监

(1)记录每个成员的出勤情况：

角 色			起始年
CEO	姓名		
	学号		
COO(可选)	姓名		
	学号		
CFO	姓名		
	学号		
CFO 助理(可选)	姓名		
	学号		
营销总监	姓名		
	学号		
营销总监助理/(商业间谍)(可选)	姓名		
	学号		
生产总监	姓名		
	学号		
生产总监助理(可选)	姓名		
	学号		
采购总监	姓名		
	学号		
采购总监助理(可选)	姓名		
	学号		
人力资源总监	姓名		
	学号		

(2)记录每个成员在企业运行中出错的情况：

(3)记录团队成员获裁判组奖励或处罚的情况：

奖励：

处罚：

(4)其他：

(5)对团队成员参与度与贡献度提出综合排序的建议：

7.2 第1年运营

(　　)公司第1年经营记录

角　色	填写表格
CEO	企业经营流程表
COO	企业经营流程表
CFO	企业经营流程表、现金预算表、订单登记表、产品核算统计表、综合费用明细表、简易利润表、简易资产负债表
营销总监/商业间谍	广告报价表、企业经营流程表、商业信息表
生产总监	生产计划及采购计划编制表、企业经营流程表
采购总监	材料采购计划表、企业经营流程表
人力资源总监	考勤表、企业经营记录表

CEO

企业经营流程 请按顺序执行下列各项操作	CEO 在团队成员完成每一项操作后在相应的方格内打“√”		
新年度规划会议			
参加订货会/登记销售订单			
制定新年度计划			
支付应交税费			
季初现金盘点(请填余额)			
更新短期贷款/还本付息/申请短期贷款(高利贷)			
更新应付款/归还应付款			
原料入库/更新原料订单			
下原料订单			
更新生产/完工入库			
投资新生产线/变卖生产线/生产线转产			
向其他企业购买原料/出售原料			
开始下一批生产			
更新应收款/应收款收现			
出售厂房			
向其他企业购买成品/出售成品			
按定单交货			
产品研发投资			
支付行政管理费			
其他现金收支情况登记			
支付租金/购买厂房			
支付利息/更新长期贷款/申请长期贷款			
支付设备维护费			
计提折旧				(　　)
新市场开拓/ISO 9000 或 ISO 14000 认证投资			
现金收入合计			
现金支出合计			
期末现金对账(请填余额)			
结账			

COO

企业经营流程 请按顺序执行下列各项操作	COO 在团队成员完成每一项操作后在相应的方格内打“√”			
新年度规划会议				
参加订货会/登记销售订单				
制定新年度计划				
支付应交税费				
季初现金盘点(请填余额)				
更新短期贷款/还本付息/申请短期贷款(高利贷)				
更新应付款/归还应付款				
原料入库/更新原料订单				
下原料订单				
更新生产/完工入库				
投资新生产线/变卖生产线/生产线转产				
向其他企业购买原料/出售原料				
开始下一批生产				
更新应收款/应收款收现				
出售厂房				
向其他企业购买成品/出售成品				
按定单交货				
产品研发投资				
支付行政管理费				
其他现金收支情况登记				
支付租金/购买厂房				
支付利息/更新长期贷款/申请长期贷款				
支付设备维护费				
计提折旧				(　　)
新市场开拓/ISO 9000 或 ISO 14000 认证投资				
现金收入合计				
现金支出合计				
期末现金对账(请填余额)				
结账				

CFO

企业经营流程 请按顺序执行下列各项操作	每执行完一项操作，财务总监（或助理）在相应方格内打“√”或“×”，只在涉及现金收支的方格中填写现金收支的具体数字（金额）			
新年度规划会议				
参加订货会/登记销售订单				
制定新年度计划				
支付应交税费				
季初现金盘点（请填余额）				
更新短期贷款/还本付息/申请短期贷款（高利贷）				
更新应付款/归还应付款				
原料入库/更新原料订单				
下原料订单				
更新生产/完工入库				
投资新生产线/变卖生产线/生产线转产				
向其他企业购买原料/出售原料				
开始下一批生产				
更新应收款/应收款收现				
出售厂房				
向其他企业购买成品/出售成品				
按定单交货				
产品研发投资				
支付行政管理费				
其他现金收支情况登记				
支付租金/购买厂房				
支付利息/更新长期贷款/申请长期贷款				
支付设备维护费				
计提折旧				(　　)
新市场开拓/ISO 9000 或 ISO 14000 认证投资				
现金收入合计				
现金支出合计				
期末现金对账（请填余额）				
结账				

现金预算表

	1	2	3	4
期初库存现金				
支付上年应交税				
市场广告投入				
贴现费用				
利息(短期贷款)				
支付到期短期贷款				
原料采购支付现金				
转产费用				
生产线投资				
工人工资				
产品研发投资				
收到现金前的所有支出				
应收款到期				
支付管理费用				
利息(长期贷款)				
支付到期长期贷款				
设备维护费用				
租金				
购买新建筑				
市场开拓投资				
ISO 认证投资				
其他				
库存现金余额				

要点记录：

第一季度：

第二季度：

第三季度：

第四季度：

年底小结：

订单登记表

订单号											合计
市场											
产品											
数量											
账期											
销售额											
成本											
毛利											
未售											

产品核算统计表

	P1	P2	P3	P4	合　计
数量					
销售额					
成本					
毛利					

综合费用明细表　　单位:百万元

项　目	金　额	备　注
管理费		
广告费		
保养费		
租　金		
转产费		
市场准入开拓		□ 区域　□ 国内　□ 亚洲　□ 国际
ISO 资格认证		□ ISO 9000　□ ISO 14000
产品研发		P2(　)　P3(　)　P4(　)
其　他		
合　计		

利润表

项　目	上 年 数	本 年 数
销售收入		
直接成本		
毛利		
综合费用		
折旧前利润		
折旧		
支付利息前利润		
财务收入/支出		
其他收入/支出		
税前利润		
所得税		
净利润		

资产负债表

资　产	期初数	期末数	负债和所有者权益	期初数	期末数
流动资产			负债		
现金			长期负债		
应收款			短期负债		
在制品			应付账款		
成品			应交税金		
原料			一年内到期的长期负债		
流动资产合计			负债合计		
固定资产			所有者权益		
土地和建筑			股东资本		
机器与设备			利润留存		
在建工程			年度净利		
固定资产合计			所有者权益合计		
资产总计			负债和所有者权益总计		

广告报价表

第 1 年

	P1
本地	

营销总监

企业经营流程 请按顺序执行下列各项操作	每执行完一项操作，营销总监（或助理）在相应方格中填写产成品增减和销售情况（个数）。															
新年度规划会议																
参加订货会/登记销售订单																
制定新年度计划																
支付应交税费																
	第一季度				第二季度				第三季度				第四季度			
产成品库存台账	P1	P2	P3	P4	P1	P2	P3	P4	P1	P2	P3	P4	P1	P2	P3	P4
期初产成品盘点（请填余额）																
更新短期贷款/还本付息/申请短期贷款（高利贷）																
更新应付款/归还应付款																
原料入库/更新原料订单																
下原料订单																
更新生产/完工入库																
投资新生产线/变卖生产线/生产线转产																
向其他企业购买原料/出售原料																
开始下一批生产																
更新应收款/应收款收现																
出售厂房																
向其他企业购买成品/出售成品																
按定单交货																
产品研发投资																
支付行政管理费																
其他现金收支情况登记																
支付租金/购买厂房																
支付利息/更新长期贷款/申请长期贷款																
支付设备维护费																
计提折旧													（　　）			
新市场开拓/ISO 9000或ISO 14000认证投资																
产成品入库合计																
产成品出库合计																
期末产成品对账（请填余额）																
结账																

商业间谍

商业信息表

一、广告投入情况

二、财务状况（现金、应收账款、应付账款、长期贷款、短期贷款等）

三、企业战略（市场开拓、产品研发、ISO 认证等）

四、产能（生产线类型、数量、生产状态等）

五、盈利情况（资产负债表、损益表等）

六、其他

生产计划及采购计划编制表

生产线		第1年			
		第一季度	第二季度	第三季度	第四季度
1	产品				
	材料				
2	产品				
	材料				
3	产品				
	材料				
4	产品				
	材料				
5	产品				
	材料				
6	产品				
	材料				
7	产品				
	材料				
8	产品				
	材料				
合　计	产品				
	材料				

生产总监

企业经营流程 请按顺序执行下列各项操作	每执行完一项操作，生产总监（或助理）在相应方格中填写在制品生产和产品研发投资情况（个数）。			
新年度规划会议				
参加订货会/登记销售订单				
制定新年度计划				
支付应交税费				
	第一季度	第二季度	第三季度	第四季度
在制品台账	P1 P2 P3 P4	P1 P2 P3 P4	P1 P2 P3 P4	P1 P2 P3 P4
期初在制品盘点（请填余额）				
更新短期贷款/还本付息/申请短期贷款（高利贷）				
更新应付款/归还应付款				
原料入库/更新原料订单				
下原料订单				
更新生产/完工入库				
投资新生产线/变卖生产线/生产线转产				
向其他企业购买原料/出售原料				
开始下一批生产				
更新应收款/应收款收现				
出售厂房				
向其他企业购买成品/出售成品				
按定单交货				
产品研发投资				
支付行政管理费				
其他现金收支情况登记				
支付租金/购买厂房				
支付利息/更新长期贷款/申请长期贷款				
支付设备维护费				
计提折旧				（　　）
新市场开拓/ISO 9000 或 ISO 14000 认证投资				
在制品上线合计				
在制品下线合计				
期末在制品对账（请填余额）				
结账				

材料采购计划表

材料	第一季度		第二季度		第三季度		第四季度	
	订购	入库	订购	入库	订购	入库	订购	入库
R1								
R2								
R3								
R4								
材料款								

采购总监

企业经营流程 请按顺序执行下列各项操作	每执行完一项操作，采购总监（或助理）在相应方格中填写材料收支情况（个数）。															
新年度规划会议																
参加订货会/登记销售订单																
制定新年度计划																
支付应交税费																
	第一季度				第二季度				第三季度				第四季度			
原材料库存台账	R1	R2	R3	R4	R1	R2	R3	R4	R1	R2	R3	R4	R1	R2	R3	R4
期初原料盘点（请填余额）																
更新短期贷款/还本付息/申请短期贷款（高利贷）																
更新应付款/归还应付款																
原料入库/更新原料订单																
下原料订单																
更新生产/完工入库																
投资新生产线/变卖生产线/生产线转产																
向其他企业购买原料/出售原料																
开始下一批生产																
更新应收款/应收款收现																
出售厂房																
向其他企业购买成品/出售成品																
按定单交货																
产品研发投资																
支付行政管理费																
其他现金收支情况登记																
支付租金/购买厂房																
支付利息/更新长期贷款/申请长期贷款																
支付设备维护费																
计提折旧													（　）			
新市场开拓/ISO 9000 或 ISO 14000 认证投资																
原料入库合计																
原料出库合计																
期末原料对账（请填余额）																
结账																

人力资源总监

(1)记录每个成员的出勤情况：

角　色			第1年
CEO	姓名		
	学号		
COO(可选)	姓名		
	学号		
CFO	姓名		
	学号		
CFO 助理(可选)	姓名		
	学号		
营销总监	姓名		
	学号		
营销总监助理/(商业间谍)(可选)	姓名		
	学号		
生产总监	姓名		
	学号		
生产总监助理(可选)	姓名		
	学号		
采购总监	姓名		
	学号		
采购总监助理(可选)	姓名		
	学号		
人力资源总监	姓名		
	学号		

(2)记录每个成员在企业运行中出错的情况：

(3)记录团队成员获裁判组奖励或处罚的情况：

奖励：

处罚：

(4)其他：

(5)对团队成员参与度与贡献度提出综合排序的建议：

7.3 第2年运营

(　　)公司第2年经营记录

角　色	填写表格
CEO	企业经营流程表
COO	企业经营流程表
CFO	企业经营流程表、现金预算表、订单登记表、产品核算统计表、综合费用明细表、简易利润表、简易资产负债表
营销总监/商业间谍	广告报价表、企业经营流程表、商业信息表
生产总监	生产计划及采购计划编制表、企业经营流程表
采购总监	材料采购计划表、企业经营流程表
人力资源总监	考勤表、企业经营记录表

CEO

企业经营流程 请按顺序执行下列各项操作	CEO 在团队成员完成每一项操作后在相应的方格内打“√”			
新年度规划会议				
参加订货会/登记销售订单				
制定新年度计划				
支付应交税费				
季初现金盘点(请填余额)				
更新短期贷款/还本付息/申请短期贷款(高利贷)				
更新应付款/归还应付款				
原料入库/更新原料订单				
下原料订单				
更新生产/完工入库				
投资新生产线/变卖生产线/生产线转产				
向其他企业购买原料/出售原料				
开始下一批生产				
更新应收款/应收款收现				
出售厂房				
向其他企业购买成品/出售成品				
按定单交货				
产品研发投资				
支付行政管理费				
其他现金收支情况登记				
支付租金/购买厂房				
支付利息/更新长期贷款/申请长期贷款				
支付设备维护费				
计提折旧				(　　)
新市场开拓/ISO 9000 或 ISO 14000 认证投资				
现金收入合计				
现金支出合计				
期末现金对账(请填余额)				
结账				

COO

企业经营流程 请按顺序执行下列各项操作	COO 在团队成员完成每一项操作后在相应的方格内打“√”			
新年度规划会议				
参加订货会/登记销售订单				
制定新年度计划				
支付应交税费				
季初现金盘点(请填余额)				
更新短期贷款/还本付息/申请短期贷款(高利贷)				
更新应付款/归还应付款				
原料入库/更新原料订单				
下原料订单				
更新生产/完工入库				
投资新生产线/变卖生产线/生产线转产				
向其他企业购买原料/出售原料				
开始下一批生产				
更新应收款/应收款收现				
出售厂房				
向其他企业购买成品/出售成品				
按定单交货				
产品研发投资				
支付行政管理费				
其他现金收支情况登记				
支付租金/购买厂房				
支付利息/更新长期贷款/申请长期贷款				
支付设备维护费				
计提折旧				(　　)
新市场开拓/ISO 9000 或 ISO 14000 认证投资				
现金收入合计				
现金支出合计				
期末现金对账(请填余额)				
结账				

CFO

企业经营流程 请按顺序执行下列各项操作	每执行完一项操作，财务总监(或助理)在相应方格内打"√"或"×"，只在涉及现金收支的方格中填写现金收支的具体数字(金额)			
新年度规划会议				
参加订货会/登记销售订单				
制定新年度计划				
支付应交税费				
季初现金盘点(请填余额)				
更新短期贷款/还本付息/申请短期贷款(高利贷)				
更新应付款/归还应付款				
原料入库/更新原料订单				
下原料订单				
更新生产/完工入库				
投资新生产线/变卖生产线/生产线转产				
向其他企业购买原料/出售原料				
开始下一批生产				
更新应收款/应收款收现				
出售厂房				
向其他企业购买成品/出售成品				
按定单交货				
产品研发投资				
支付行政管理费				
其他现金收支情况登记				
支付租金/购买厂房				
支付利息/更新长期贷款/申请长期贷款				
支付设备维护费				
计提折旧				(　　)
新市场开拓/ISO 9000 或 ISO 14000 认证投资				
现金收入合计				
现金支出合计				
期末现金对账(请填余额)				
结账				

现金预算表

	1	2	3	4
期初库存现金				
支付上年应交税				
市场广告投入				
贴现费用				
利息(短期贷款)				
支付到期短期贷款				
原料采购支付现金				
转产费用				
生产线投资				
工人工资				
产品研发投资				
收到现金前的所有支出				
应收款到期				
支付管理费用				
利息(长期贷款)				
支付到期长期贷款				
设备维护费用				
租金				
购买新建筑				
市场开拓投资				
ISO 认证投资				
其他				
库存现金余额				

要点记录：
第一季度：
第二季度：
第三季度：
第四季度：
年底小结：

订单登记表

订单号											合计
市场											
产品											
数量											
账期											
销售额											
成本											
毛利											
未售											

产品核算统计表

	P1	P2	P3	P4	合　计
数量					
销售额					
成本					
毛利					

综合费用明细表　　单位:百万元

项　目	金　额	备　注
管理费		
广告费		
保养费		
租　金		
转产费		
市场准入开拓		□ 区域　□ 国内　□ 亚洲　□ 国际
ISO 资格认证		□ ISO 9000　□ ISO 14000
产品研发		P2(　)　P3(　)　P4(　)
其　他		
合　计		

利润表

项　目	上年数	本年数
销售收入		
直接成本		
毛利		
综合费用		
折旧前利润		
折旧		
支付利息前利润		
财务收入/支出		
其他收入/支出		
税前利润		
所得税		
净利润		

资产负债表

资　产	期初数	期末数	负债和所有者权益	期初数	期末数
流动资产			负债		
现金			长期负债		
应收款			短期负债		
在制品			应付账款		
成品			应交税金		
原料			一年内到期的长期负债		
流动资产合计			负债合计		
固定资产			所有者权益		
土地和建筑			股东资本		
机器与设备			利润留存		
在建工程			年度净利		
固定资产合计			所有者权益合计		
资产总计			负债和所有者权益总计		

广告报价表

第 2 年

	P1	P2	P3
本地			
区域			

营销总监

企业经营流程 请按顺序执行下列各项操作	每执行完一项操作，营销总监（或助理）在相应方格中填写产成品增减和销售情况（个数）。															
新年度规划会议																
参加订货会/登记销售订单																
制定新年度计划																
支付应交税费																
	第一季度				第二季度				第三季度				第四季度			
产成品库存台账	P1	P2	P3	P4	P1	P2	P3	P4	P1	P2	P3	P4	P1	P2	P3	P4
期初产成品盘点（请填余额）																
更新短期贷款/还本付息/申请短期贷款（高利贷）																
更新应付款/归还应付款																
原料入库/更新原料订单																
下原料订单																
更新生产/完工入库																
投资新生产线/变卖生产线/生产线转产																
向其他企业购买原料/出售原料																
开始下一批生产																
更新应收款/应收款收现																
出售厂房																
向其他企业购买成品/出售成品																
按定单交货																
产品研发投资																
支付行政管理费																
其他现金收支情况登记																
支付租金/购买厂房																
支付利息/更新长期贷款/申请长期贷款																
支付设备维护费																
计提折旧													（ ）			
新市场开拓/ISO 9000 或 ISO 14000 认证投资																
产成品入库合计																
产成品出库合计																
期末产成品对账（请填余额）																
结账																

商业间谍

商业信息表

一、广告投入情况

二、财务状况(现金、应收账款、应付账款、长期贷款、短期贷款等)

三、企业战略(市场开拓、产品研发、ISO 认证等)

四、产能(生产线类型、数量、生产状态等)

五、盈利情况(资产负债表、损益表等)

六、其他

生产计划及采购计划编制表

生产线		第1年			
		第一季度	第二季度	第三季度	第四季度
1	产品				
	材料				
2	产品				
	材料				
3	产品				
	材料				
4	产品				
	材料				
5	产品				
	材料				
6	产品				
	材料				
7	产品				
	材料				
8	产品				
	材料				
合 计	产品				
	材料				

生产总监

企业经营流程 请按顺序执行下列各项操作	每执行完一项操作，生产总监（或助理）在相应方格中填写在制品生产和产品研发投资情况（个数）。															
新年度规划会议																
参加订货会/登记销售订单																
制定新年度计划																
支付应交税费																
	第一季度				第二季度				第三季度				第四季度			
在制品台账	P1	P2	P3	P4	P1	P2	P3	P4	P1	P2	P3	P4	P1	P2	P3	P4
期初在制品盘点（请填余额）																
更新短期贷款/还本付息/申请短期贷款（高利贷）																
更新应付款/归还应付款																
原料入库/更新原料订单																
下原料订单																
更新生产/完工入库																
投资新生产线/变卖生产线/生产线转产																
向其他企业购买原料/出售原料																
开始下一批生产																
更新应收款/应收款收现																
出售厂房																
向其他企业购买成品/出售成品																
按定单交货																
产品研发投资																
支付行政管理费																
其他现金收支情况登记																
支付租金/购买厂房																
支付利息/更新长期贷款/申请长期贷款																
支付设备维护费																
计提折旧													（　　）			
新市场开拓/ISO 9000 或 ISO 14000 认证投资																
在制品上线合计																
在制品下线合计																
期末在制品对账（请填余额）																
结账																

材料采购计划表

材料	第一季度		第二季度		第三季度		第四季度	
	订购	入库	订购	入库	订购	入库	订购	入库
R1								
R2								
R3								
R4								
材料款								

采购总监

企业经营流程 请按顺序执行下列各项操作	每执行完一项操作，采购总监（或助理）在相应方格中填写材料收支情况（个数）。															
新年度规划会议																
参加订货会/登记销售订单																
制定新年度计划																
支付应交税费																
	第一季度				第二季度				第三季度				第四季度			
原材料库存台账	R1	R2	R3	R4	R1	R2	R3	R4	R1	R2	R3	R4	R1	R2	R3	R4
期初原料盘点（请填余额）																
更新短期贷款/还本付息/申请短期贷款（高利贷）																
更新应付款/归还应付款																
原料入库/更新原料订单																
下原料订单																
更新生产/完工入库																
投资新生产线/变卖生产线/生产线转产																
向其他企业购买原料/出售原料																
开始下一批生产																
更新应收款/应收款收现																
出售厂房																
向其他企业购买成品/出售成品																
按定单交货																
产品研发投资																
支付行政管理费																
其他现金收支情况登记																
支付租金/购买厂房																
支付利息/更新长期贷款/申请长期贷款																
支付设备维护费																
计提折旧													（　　）			
新市场开拓/ISO 9000 或 ISO 14000 认证投资																
原料入库合计																
原料出库合计																
期末原料对账（请填余额）																
结账																

人力资源总监

(1)记录每个成员的出勤情况：

角　色			第1年
CEO	姓名		
	学号		
COO(可选)	姓名		
	学号		
CFO	姓名		
	学号		
CFO 助理(可选)	姓名		
	学号		
营销总监	姓名		
	学号		
营销总监助理/(商业间谍)(可选)	姓名		
	学号		
生产总监	姓名		
	学号		
生产总监助理(可选)	姓名		
	学号		
采购总监	姓名		
	学号		
采购总监助理(可选)	姓名		
	学号		
人力资源总监	姓名		
	学号		

(2)记录每个成员在企业运行中出错的情况：

(3)记录团队成员获裁判组奖励或处罚的情况：

奖励：

处罚：

(4)其他：

(5)对团队成员参与度与贡献度提出综合排序的建议：

7.4 第3年运营

(　　)公司第3年经营记录

角　色	填写表格
CEO	企业经营流程表
COO	企业经营流程表
CFO	企业经营流程表、现金预算表、订单登记表、产品核算统计表、综合费用明细表、简易利润表、简易资产负债表
营销总监/商业间谍	广告报价表、企业经营流程表、商业信息表
生产总监	生产计划及采购计划编制表、企业经营流程表
采购总监	材料采购计划表、企业经营流程表
人力资源总监	考勤表、企业经营记录表

CEO

企业经营流程 请按顺序执行下列各项操作	CEO 在团队成员完成每一项操作后在相应的方格内打“√”			
新年度规划会议				
参加订货会/登记销售订单				
制定新年度计划				
支付应交税费				
季初现金盘点(请填余额)				
更新短期贷款/还本付息/申请短期贷款(高利贷)				
更新应付款/归还应付款				
原料入库/更新原料订单				
下原料订单				
更新生产/完工入库				
投资新生产线/变卖生产线/生产线转产				
向其他企业购买原料/出售原料				
开始下一批生产				
更新应收款/应收款收现				
出售厂房				
向其他企业购买成品/出售成品				
按定单交货				
产品研发投资				
支付行政管理费				
其他现金收支情况登记				
支付租金/购买厂房				
支付利息/更新长期贷款/申请长期贷款				
支付设备维护费				
计提折旧				(　　)
新市场开拓/ISO 9000 或 ISO 14000 认证投资				
现金收入合计				
现金支出合计				
期末现金对账(请填余额)				
结账				

COO

企业经营流程 请按顺序执行下列各项操作	COO 在团队成员完成每一项操作后在相应的方格内打"√"		
新年度规划会议			
参加订货会/登记销售订单			
制定新年度计划			
支付应交税费			
季初现金盘点(请填余额)			
更新短期贷款/还本付息/申请短期贷款(高利贷)			
更新应付款/归还应付款			
原料入库/更新原料订单			
下原料订单			
更新生产/完工入库			
投资新生产线/变卖生产线/生产线转产			
向其他企业购买原料/出售原料			
开始下一批生产			
更新应收款/应收款收现			
出售厂房			
向其他企业购买成品/出售成品			
按定单交货			
产品研发投资			
支付行政管理费			
其他现金收支情况登记			
支付租金/购买厂房			
支付利息/更新长期贷款/申请长期贷款			
支付设备维护费			
计提折旧			( )
新市场开拓/ISO 9000 或 ISO 14000 认证投资			
现金收入合计			
现金支出合计			
期末现金对账(请填余额)			
结账			

CFO

企业经营流程 请按顺序执行下列各项操作	每执行完一项操作，财务总监（或助理）在相应方格内打“√”或“×”，只在涉及现金收支的方格中填写现金收支的具体数字（金额）		
新年度规划会议			
参加订货会/登记销售订单			
制定新年度计划			
支付应交税费			
季初现金盘点（请填余额）			
更新短期贷款/还本付息/申请短期贷款（高利贷）			
更新应付款/归还应付款			
原料入库/更新原料订单			
下原料订单			
更新生产/完工入库			
投资新生产线/变卖生产线/生产线转产			
向其他企业购买原料/出售原料			
开始下一批生产			
更新应收款/应收款收现			
出售厂房			
向其他企业购买成品/出售成品			
按定单交货			
产品研发投资			
支付行政管理费			
其他现金收支情况登记			
支付租金/购买厂房			
支付利息/更新长期贷款/申请长期贷款			
支付设备维护费			
计提折旧			（　）
新市场开拓/ISO 9000 或 ISO 14000 认证投资			
现金收入合计			
现金支出合计			
期末现金对账（请填余额）			
结账			

现金预算表

	1	2	3	4
期初库存现金				
支付上年应交税				
市场广告投入				
贴现费用				
利息(短期贷款)				
支付到期短期贷款				
原料采购支付现金				
转产费用				
生产线投资				
工人工资				
产品研发投资				
收到现金前的所有支出				
应收款到期				
支付管理费用				
利息(长期贷款)				
支付到期长期贷款				
设备维护费用				
租金				
购买新建筑				
市场开拓投资				
ISO 认证投资				
其他				
库存现金余额				

要点记录：

第一季度：

第二季度：

第三季度：

第四季度：

年底小结：

订单登记表

订单号											合计
市场											
产品											
数量											
账期											
销售额											
成本											
毛利											
未售											

产品核算统计表

	P1	P2	P3	P4	合　计
数量					
销售额					
成本					
毛利					

综合费用明细表　　单位：百万元

项　目	金　额	备　注
管理费		
广告费		
保养费		
租　金		
转产费		
市场准入开拓		□ 区域　□ 国内　□ 亚洲　□ 国际
ISO 资格认证		□ ISO 9000　□ ISO 14000
产品研发		P2(　)　P3(　)　P4(　)
其　他		
合　计		

利 润 表

项　目	上 年 数	本 年 数
销售收入		
直接成本		
毛利		
综合费用		
折旧前利润		
折旧		
支付利息前利润		
财务收入/支出		
其他收入/支出		
税前利润		
所得税		
净利润		

资产负债表

资　产	期初数	期末数	负债和所有者权益	期初数	期末数
流动资产			负债		
现金			长期负债		
应收款			短期负债		
在制品			应付账款		
成品			应交税金		
原料			一年内到期的长期负债		
流动资产合计			负债合计		
固定资产			所有者权益		
土地和建筑			股东资本		
机器与设备			利润留存		
在建工程			年度净利		
固定资产合计			所有者权益合计		
资产总计			负债和所有者权益总计		

广告报价表

第 3 年

	P1	P2	P3	P4
本地				×
区域				
国内				×

营销总监

企业经营流程 请按顺序执行下列各项操作	每执行完一项操作，营销总监(或助理)在相应方格中填写产成品增减和销售情况(个数)。															
新年度规划会议																
参加订货会/登记销售订单																
制定新年度计划																
支付应交税费																
	第一季度				第二季度				第三季度				第四季度			
产成品库存台账	P1	P2	P3	P4	P1	P2	P3	P4	P1	P2	P3	P4	P1	P2	P3	P4
期初产成品盘点(请填余额)																
更新短期贷款/还本付息/申请短期贷款(高利贷)																
更新应付款/归还应付款																
原料入库/更新原料订单																
下原料订单																
更新生产/完工入库																
投资新生产线/变卖生产线/生产线转产																
向其他企业购买原料/出售原料																
开始下一批生产																
更新应收款/应收款收现																
出售厂房																
向其他企业购买成品/出售成品																
按定单交货																
产品研发投资																
支付行政管理费																
其他现金收支情况登记																
支付租金/购买厂房																
支付利息/更新长期贷款/申请长期贷款																
支付设备维护费																
计提折旧													( )			
新市场开拓/ISO 9000 或 ISO 14000 认证投资																
产成品入库合计																
产成品出库合计																
期末产成品对账(请填余额)																
结账																

商业间谍

商业信息表

一、广告投入情况

二、财务状况(现金、应收账款、应付账款、长期贷款、短期贷款等)

三、企业战略(市场开拓、产品研发、ISO 认证等)

四、产能(生产线类型、数量、生产状态等)

五、盈利情况(资产负债表、损益表等)

六、其他

生产计划及采购计划编制表

生产线		第1年			
		第一季度	第二季度	第三季度	第四季度
1	产品				
	材料				
2	产品				
	材料				
3	产品				
	材料				
4	产品				
	材料				
5	产品				
	材料				
6	产品				
	材料				
7	产品				
	材料				
8	产品				
	材料				
合　计	产品				
	材料				

生产总监

企业经营流程 请按顺序执行下列各项操作	每执行完一项操作，生产总监（或助理）在相应方格中填写在制品生产和产品研发投资情况（个数）。															
新年度规划会议																
参加订货会/登记销售订单																
制定新年度计划																
支付应交税费																
	第一季度				第二季度				第三季度				第四季度			
在制品台账	P1	P2	P3	P4	P1	P2	P3	P4	P1	P2	P3	P4	P1	P2	P3	P4
期初在制品盘点（请填余额）																
更新短期贷款/还本付息/申请短期贷款（高利贷）																
更新应付款/归还应付款																
原料入库/更新原料订单																
下原料订单																
更新生产/完工入库																
投资新生产线/变卖生产线/生产线转产																
向其他企业购买原料/出售原料																
开始下一批生产																
更新应收款/应收款收现																
出售厂房																
向其他企业购买成品/出售成品																
按定单交货																
产品研发投资																
支付行政管理费																
其他现金收支情况登记																
支付租金/购买厂房																
支付利息/更新长期贷款/申请长期贷款																
支付设备维护费																
计提折旧													（　）			
新市场开拓/ISO 9000 或 ISO 14000 认证投资																
在制品上线合计																
在制品下线合计																
期末在制品对账（请填余额）																
结账																

材料采购计划表

材料	第一季度		第二季度		第三季度		第四季度	
	订购	入库	订购	入库	订购	入库	订购	入库
R1								
R2								
R3								
R4								
材料款								

采购总监

企业经营流程 请按顺序执行下列各项操作	每执行完一项操作，采购总监（或助理）在相应方格中填写材料收支情况（个数）。															
新年度规划会议																
参加订货会/登记销售订单																
制定新年度计划																
支付应交税费																
	第一季度				第二季度				第三季度				第四季度			
原材料库存台账	R1	R2	R3	R4	R1	R2	R3	R4	R1	R2	R3	R4	R1	R2	R3	R4
期初原料盘点（请填余额）																
更新短期贷款/还本付息/申请短期贷款（高利贷）																
更新应付款/归还应付款																
原料入库/更新原料订单																
下原料订单																
更新生产/完工入库																
投资新生产线/变卖生产线/生产线转产																
向其他企业购买原料/出售原料																
开始下一批生产																
更新应收款/应收款收现																
出售厂房																
向其他企业购买成品/出售成品																
按定单交货																
产品研发投资																
支付行政管理费																
其他现金收支情况登记																
支付租金/购买厂房																
支付利息/更新长期贷款/申请长期贷款																
支付设备维护费																
计提折旧													（　　）			
新市场开拓/ISO 9000 或 ISO 14000 认证投资																
原料入库合计																
原料出库合计																
期末原料对账（请填余额）																
结账																

人力资源总监

(1)记录每个成员的出勤情况：

角　色			第1年
CEO	姓名		
	学号		
COO(可选)	姓名		
	学号		
CFO	姓名		
	学号		
CFO 助理(可选)	姓名		
	学号		
营销总监	姓名		
	学号		
营销总监助理/(商业间谍)(可选)	姓名		
	学号		
生产总监	姓名		
	学号		
生产总监助理(可选)	姓名		
	学号		
采购总监	姓名		
	学号		
采购总监助理(可选)	姓名		
	学号		
人力资源总监	姓名		
	学号		

(2)记录每个成员在企业运行中出错的情况：

(3)记录团队成员获裁判组奖励或处罚的情况：

奖励：

处罚：

(4)其他：

(5)对团队成员参与度与贡献度提出综合排序的建议：

7.5 第4年运营

( )公司第 4 年经营记录

角 色	填写表格
CEO	企业经营流程表
COO	企业经营流程表
CFO	企业经营流程表、现金预算表、订单登记表、产品核算统计表、综合费用明细表、简易利润表、简易资产负债表
营销总监/商业间谍	广告报价表、企业经营流程表、商业信息表
生产总监	生产计划及采购计划编制表、企业经营流程表
采购总监	材料采购计划表、企业经营流程表
人力资源总监	考勤表、企业经营记录表

CEO

企业经营流程 请按顺序执行下列各项操作	CEO 在团队成员完成每一项操作后在相应的方格内打“√”		
新年度规划会议			
参加订货会/登记销售订单			
制定新年度计划			
支付应交税费			
季初现金盘点(请填余额)			
更新短期贷款/还本付息/申请短期贷款(高利贷)			
更新应付款/归还应付款			
原料入库/更新原料订单			
下原料订单			
更新生产/完工入库			
投资新生产线/变卖生产线/生产线转产			
向其他企业购买原料/出售原料			
开始下一批生产			
更新应收款/应收款收现			
出售厂房			
向其他企业购买成品/出售成品			
按定单交货			
产品研发投资			
支付行政管理费			
其他现金收支情况登记			
支付租金/购买厂房			
支付利息/更新长期贷款/申请长期贷款			
支付设备维护费			
计提折旧			(　　)
新市场开拓/ISO 9000 或 ISO 14000 认证投资			
现金收入合计			
现金支出合计			
期末现金对账(请填余额)			
结账			

COO

企业经营流程 请按顺序执行下列各项操作	COO 在团队成员完成每一项操作后在相应的方格内打“√”			
新年度规划会议				
参加订货会/登记销售订单				
制定新年度计划				
支付应交税费				
季初现金盘点(请填余额)				
更新短期贷款/还本付息/申请短期贷款(高利贷)				
更新应付款/归还应付款				
原料入库/更新原料订单				
下原料订单				
更新生产/完工入库				
投资新生产线/变卖生产线/生产线转产				
向其他企业购买原料/出售原料				
开始下一批生产				
更新应收款/应收款收现				
出售厂房				
向其他企业购买成品/出售成品				
按定单交货				
产品研发投资				
支付行政管理费				
其他现金收支情况登记				
支付租金/购买厂房				
支付利息/更新长期贷款/申请长期贷款				
支付设备维护费				
计提折旧				( )
新市场开拓/ISO 9000 或 ISO 14000 认证投资				
现金收入合计				
现金支出合计				
期末现金对账(请填余额)				
结账				

CFO

企业经营流程 请按顺序执行下列各项操作	每执行完一项操作，财务总监（或助理）在相应方格内打“√”或“×”，只在涉及现金收支的方格中填写现金收支的具体数字（金额）			
新年度规划会议				
参加订货会/登记销售订单				
制定新年度计划				
支付应交税费				
季初现金盘点（请填余额）				
更新短期贷款/还本付息/申请短期贷款（高利贷）				
更新应付款/归还应付款				
原料入库/更新原料订单				
下原料订单				
更新生产/完工入库				
投资新生产线/变卖生产线/生产线转产				
向其他企业购买原料/出售原料				
开始下一批生产				
更新应收款/应收款收现				
出售厂房				
向其他企业购买成品/出售成品				
按定单交货				
产品研发投资				
支付行政管理费				
其他现金收支情况登记				
支付租金/购买厂房				
支付利息/更新长期贷款/申请长期贷款				
支付设备维护费				
计提折旧				（ ）
新市场开拓/ISO 9000 或 ISO 14000 认证投资				
现金收入合计				
现金支出合计				
期末现金对账（请填余额）				
结账				

现金预算表

	1	2	3	4
期初库存现金				
支付上年应交税				
市场广告投入				
贴现费用				
利息(短期贷款)				
支付到期短期贷款				
原料采购支付现金				
转产费用				
生产线投资				
工人工资				
产品研发投资				
收到现金前的所有支出				
应收款到期				
支付管理费用				
利息(长期贷款)				
支付到期长期贷款				
设备维护费用				
租金				
购买新建筑				
市场开拓投资				
ISO 认证投资				
其他				
库存现金余额				

要点记录:
第一季度:
第二季度:
第三季度:
第四季度:
年底小结:

订单登记表

订单号										合计
市场										
产品										
数量										
账期										
销售额										
成本										
毛利										
未售										

产品核算统计表

	P1	P2	P3	P4	合　计
数量					
销售额					
成本					
毛利					

综合费用明细表　　单位:百万元

项　目	金　额	备　注
管理费		
广告费		
保养费		
租　金		
转产费		
市场准入开拓		□ 区域　□ 国内　□ 亚洲　□ 国际
ISO 资格认证		□ ISO 9000　□ ISO 14000
产品研发		P2(　)　P3(　)　P4(　)
其　他		
合　计		

利润表

项　目	上年数	本年数
销售收入		
直接成本		
毛利		
综合费用		
折旧前利润		
折旧		
支付利息前利润		
财务收入/支出		
其他收入/支出		
税前利润		
所得税		
净利润		

资产负债表

资　产	期初数	期末数	负债和所有者权益	期初数	期末数
流动资产			负债		
现金			长期负债		
应收款			短期负债		
在制品			应付账款		
成品			应交税金		
原料			一年内到期的长期负债		
流动资产合计			负债合计		
固定资产			所有者权益		
土地和建筑			股东资本		
机器与设备			利润留存		
在建工程			年度净利		
固定资产合计			所有者权益合计		
资产总计			负债和所有者权益总计		

广告报价表

第 4 年

	P1	P2	P3	P4
本地				
区域				
国内				×
亚洲				×

营销总监

企业经营流程 请按顺序执行下列各项操作	每执行完一项操作，营销总监（或助理）在相应方格中填写产成品增减和销售情况（个数）。															
新年度规划会议																
参加订货会/登记销售订单																
制定新年度计划																
支付应交税费																
	第一季度				第二季度				第三季度				第四季度			
产成品库存台账	P1	P2	P3	P4	P1	P2	P3	P4	P1	P2	P3	P4	P1	P2	P3	P4
期初产成品盘点（请填余额）																
更新短期贷款/还本付息/申请短期贷款（高利贷）																
更新应付款/归还应付款																
原料入库/更新原料订单																
下原料订单																
更新生产/完工入库																
投资新生产线/变卖生产线/生产线转产																
向其他企业购买原料/出售原料																
开始下一批生产																
更新应收款/应收款收现																
出售厂房																
向其他企业购买成品/出售成品																
按定单交货																
产品研发投资																
支付行政管理费																
其他现金收支情况登记																
支付租金/购买厂房																
支付利息/更新长期贷款/申请长期贷款																
支付设备维护费																
计提折旧													（　）			
新市场开拓/ISO 9000 或 ISO 14000 认证投资																
产成品入库合计																
产成品出库合计																
期末产成品对账（请填余额）																
结账																

商业间谍

商业信息表

一、广告投入情况

二、财务状况(现金、应收账款、应付账款、长期贷款、短期贷款等)

三、企业战略(市场开拓、产品研发、ISO 认证等)

四、产能(生产线类型、数量、生产状态等)

五、盈利情况(资产负债表、损益表等)

六、其他

生产计划及采购计划编制表

生产线		第1年			
		第一季度	第二季度	第三季度	第四季度
1	产品				
	材料				
2	产品				
	材料				
3	产品				
	材料				
4	产品				
	材料				
5	产品				
	材料				
6	产品				
	材料				
7	产品				
	材料				
8	产品				
	材料				
合　计	产品				
	材料				

生产总监

企业经营流程 请按顺序执行下列各项操作	每执行完一项操作，生产总监（或助理）在相应方格中填写在制品生产和产品研发投资情况（个数）。															
新年度规划会议																
参加订货会/登记销售订单																
制定新年度计划																
支付应交税费																
	第一季度				第二季度				第三季度				第四季度			
在制品台账	P1	P2	P3	P4	P1	P2	P3	P4	P1	P2	P3	P4	P1	P2	P3	P4
期初在制品盘点（请填余额）																
更新短期贷款/还本付息/申请短期贷款（高利贷）																
更新应付款/归还应付款																
原料入库/更新原料订单																
下原料订单																
更新生产/完工入库																
投资新生产线/变卖生产线/生产线转产																
向其他企业购买原料/出售原料																
开始下一批生产																
更新应收款/应收款收现																
出售厂房																
向其他企业购买成品/出售成品																
按定单交货																
产品研发投资																
支付行政管理费																
其他现金收支情况登记																
支付租金/购买厂房																
支付利息/更新长期贷款/申请长期贷款																
支付设备维护费																
计提折旧													（　）			
新市场开拓/ISO 9000 或 ISO 14000 认证投资																
在制品上线合计																
在制品下线合计																
期末在制品对账（请填余额）																
结账																

材料采购计划表

材料	第一季度		第二季度		第三季度		第四季度	
	订购	入库	订购	入库	订购	入库	订购	入库
R1								
R2								
R3								
R4								
材料款								

采购总监

企业经营流程 请按顺序执行下列各项操作	每执行完一项操作，采购总监（或助理）在相应方格中填写材料收支情况（个数）。															
新年度规划会议																
参加订货会/登记销售订单																
制定新年度计划																
支付应交税费																
	第一季度				第二季度				第三季度				第四季度			
原材料库存台账	R1	R2	R3	R4	R1	R2	R3	R4	R1	R2	R3	R4	R1	R2	R3	R4
期初原料盘点（请填余额）																
更新短期贷款/还本付息/申请短期贷款（高利贷）																
更新应付款/归还应付款																
原料入库/更新原料订单																
下原料订单																
更新生产/完工入库																
投资新生产线/变卖生产线/生产线转产																
向其他企业购买原料/出售原料																
开始下一批生产																
更新应收款/应收款收现																
出售厂房																
向其他企业购买成品/出售成品																
按定单交货																
产品研发投资																
支付行政管理费																
其他现金收支情况登记																
支付租金/购买厂房																
支付利息/更新长期贷款/申请长期贷款																
支付设备维护费																
计提折旧													（ ）			
新市场开拓/ISO 9000 或 ISO 14000 认证投资																
原料入库合计																
原料出库合计																
期末原料对账（请填余额）																
结账																

人力资源总监

(1)记录每个成员的出勤情况：

角　色			第1年
CEO	姓名		
	学号		
COO(可选)	姓名		
	学号		
CFO	姓名		
	学号		
CFO助理(可选)	姓名		
	学号		
营销总监	姓名		
	学号		
营销总监助理/(商业间谍)(可选)	姓名		
	学号		
生产总监	姓名		
	学号		
生产总监助理(可选)	姓名		
	学号		
采购总监	姓名		
	学号		
采购总监助理(可选)	姓名		
	学号		
人力资源总监	姓名		
	学号		

(2)记录每个成员在企业运行中出错的情况：

(3)记录团队成员获裁判组奖励或处罚的情况：

奖励：

处罚：

(4)其他：

(5)对团队成员参与度与贡献度提出综合排序的建议：

7.6 第5年运营

(　　)公司第5年经营记录

角　色	填写表格
CEO	企业经营流程表
COO	企业经营流程表
CFO	企业经营流程表、现金预算表、订单登记表、产品核算统计表、综合费用明细表、简易利润表、简易资产负债表
营销总监/商业间谍	广告报价表、企业经营流程表、商业信息表
生产总监	生产计划及采购计划编制表、企业经营流程表
采购总监	材料采购计划表、企业经营流程表
人力资源总监	考勤表、企业经营记录表

CEO

企业经营流程 请按顺序执行下列各项操作	CEO 在团队成员完成每一项操作后在相应的方格内打“√”			
新年度规划会议				
参加订货会/登记销售订单				
制定新年度计划				
支付应交税费				
季初现金盘点(请填余额)				
更新短期贷款/还本付息/申请短期贷款(高利贷)				
更新应付款/归还应付款				
原料入库/更新原料订单				
下原料订单				
更新生产/完工入库				
投资新生产线/变卖生产线/生产线转产				
向其他企业购买原料/出售原料				
开始下一批生产				
更新应收款/应收款收现				
出售厂房				
向其他企业购买成品/出售成品				
按定单交货				
产品研发投资				
支付行政管理费				
其他现金收支情况登记				
支付租金/购买厂房				
支付利息/更新长期贷款/申请长期贷款				
支付设备维护费				
计提折旧				(　　)
新市场开拓/ISO 9000 或 ISO 14000 认证投资				
现金收入合计				
现金支出合计				
期末现金对账(请填余额)				
结账				

COO

企业经营流程 请按顺序执行下列各项操作	COO 在团队成员完成每一项操作后在相应的方格内打"√"			
新年度规划会议				
参加订货会/登记销售订单				
制定新年度计划				
支付应交税费				
季初现金盘点(请填余额)				
更新短期贷款/还本付息/申请短期贷款(高利贷)				
更新应付款/归还应付款				
原料入库/更新原料订单				
下原料订单				
更新生产/完工入库				
投资新生产线/变卖生产线/生产线转产				
向其他企业购买原料/出售原料				
开始下一批生产				
更新应收款/应收款收现				
出售厂房				
向其他企业购买成品/出售成品				
按定单交货				
产品研发投资				
支付行政管理费				
其他现金收支情况登记				
支付租金/购买厂房				
支付利息/更新长期贷款/申请长期贷款				
支付设备维护费				
计提折旧				(　　)
新市场开拓/ISO 9000 或 ISO 14000 认证投资				
现金收入合计				
现金支出合计				
期末现金对账(请填余额)				
结账				

CFO

企业经营流程 请按顺序执行下列各项操作	每执行完一项操作，财务总监（或助理）在相应方格内打“√”或“×”，只在涉及现金收支的方格中填写现金收支的具体数字（金额）			
新年度规划会议				
参加订货会/登记销售订单				
制定新年度计划				
支付应交税费				
季初现金盘点（请填余额）				
更新短期贷款/还本付息/申请短期贷款（高利贷）				
更新应付款/归还应付款				
原料入库/更新原料订单				
下原料订单				
更新生产/完工入库				
投资新生产线/变卖生产线/生产线转产				
向其他企业购买原料/出售原料				
开始下一批生产				
更新应收款/应收款收现				
出售厂房				
向其他企业购买成品/出售成品				
按定单交货				
产品研发投资				
支付行政管理费				
其他现金收支情况登记				
支付租金/购买厂房				
支付利息/更新长期贷款/申请长期贷款				
支付设备维护费				
计提折旧				（ ）
新市场开拓/ISO 9000 或 ISO 14000 认证投资				
现金收入合计				
现金支出合计				
期末现金对账（请填余额）				
结账				

现金预算表

	1	2	3	4
期初库存现金				
支付上年应交税				
市场广告投入				
贴现费用				
利息(短期贷款)				
支付到期短期贷款				
原料采购支付现金				
转产费用				
生产线投资				
工人工资				
产品研发投资				
收到现金前的所有支出				
应收款到期				
支付管理费用				
利息(长期贷款)				
支付到期长期贷款				
设备维护费用				
租金				
购买新建筑				
市场开拓投资				
ISO 认证投资				
其他				
库存现金余额				

要点记录：

第一季度：

第二季度：

第三季度：

第四季度：

年底小结：

订单登记表

订单号											合计
市场											
产品											
数量											
账期											
销售额											
成本											
毛利											
未售											

产品核算统计表

	P1	P2	P3	P4	合　计
数量					
销售额					
成本					
毛利					

综合费用明细表

单位：百万元

项　目	金　额	备　注
管理费		
广告费		
保养费		
租　金		
转产费		
市场准入开拓		□ 区域　□ 国内　□ 亚洲　□ 国际
ISO 资格认证		□ ISO 9000　□ ISO 14000
产品研发		P2(　)　P3(　)　P4(　)
其　他		
合　计		

利润表

项　目	上年数	本年数
销售收入		
直接成本		
毛利		
综合费用		
折旧前利润		
折旧		
支付利息前利润		
财务收入/支出		
其他收入/支出		
税前利润		
所得税		
净利润		

资产负债表

资　产	期初数	期末数	负债和所有者权益	期初数	期末数
流动资产			负债		
现金			长期负债		
应收款			短期负债		
在制品			应付账款		
成品			应交税金		
原料			一年内到期的长期负债		
流动资产合计			负债合计		
固定资产			所有者权益		
土地和建筑			股东资本		
机器与设备			利润留存		
在建工程			年度净利		
固定资产合计			所有者权益合计		
资产总计			负债和所有者权益总计		

广告报价表

第 5 年

	P1	P2	P3	P4
本地				
区域				
国内				
亚洲				
国际			×	×

营销总监

企业经营流程 请按顺序执行下列各项操作	每执行完一项操作，营销总监（或助理）在相应方格中填写产成品增减和销售情况（个数）。															
新年度规划会议																
参加订货会/登记销售订单																
制定新年度计划																
支付应交税费																
	第一季度				第二季度				第三季度				第四季度			
产成品库存台账	P1	P2	P3	P4	P1	P2	P3	P4	P1	P2	P3	P4	P1	P2	P3	P4
期初产成品盘点（请填余额）																
更新短期贷款/还本付息/申请短期贷款（高利贷）																
更新应付款/归还应付款																
原料入库/更新原料订单																
下原料订单																
更新生产/完工入库																
投资新生产线/变卖生产线/生产线转产																
向其他企业购买原料/出售原料																
开始下一批生产																
更新应收款/应收款收现																
出售厂房																
向其他企业购买成品/出售成品																
按定单交货																
产品研发投资																
支付行政管理费																
其他现金收支情况登记																
支付租金/购买厂房																
支付利息/更新长期贷款/申请长期贷款																
支付设备维护费																
计提折旧													（ ）			
新市场开拓/ISO 9000 或 ISO 14000 认证投资																
产成品入库合计																
产成品出库合计																
期末产成品对账（请填余额）																
结账																

商业间谍

商业信息表

一、广告投入情况

二、财务状况（现金、应收账款、应付账款、长期贷款、短期贷款等）

三、企业战略（市场开拓、产品研发、ISO 认证等）

四、产能（生产线类型、数量、生产状态等）

五、盈利情况（资产负债表、损益表等）

六、其他

生产计划及采购计划编制表

生产线		第1年			
		第一季度	第二季度	第三季度	第四季度
1	产品				
	材料				
2	产品				
	材料				
3	产品				
	材料				
4	产品				
	材料				
5	产品				
	材料				
6	产品				
	材料				
7	产品				
	材料				
8	产品				
	材料				
合　计	产品				
	材料				

生产总监

企业经营流程 请按顺序执行下列各项操作	每执行完一项操作，生产总监（或助理）在相应方格中填写在制品生产和产品研发投资情况（个数）。															
新年度规划会议																
参加订货会/登记销售订单																
制定新年度计划																
支付应交税费																
	第一季度				第二季度				第三季度				第四季度			
在制品台账	P1	P2	P3	P4	P1	P2	P3	P4	P1	P2	P3	P4	P1	P2	P3	P4
期初在制品盘点（请填余额）																
更新短期贷款/还本付息/申请短期贷款（高利贷）																
更新应付款/归还应付款																
原料入库/更新原料订单																
下原料订单																
更新生产/完工入库																
投资新生产线/变卖生产线/生产线转产																
向其他企业购买原料/出售原料																
开始下一批生产																
更新应收款/应收款收现																
出售厂房																
向其他企业购买成品/出售成品																
按定单交货																
产品研发投资																
支付行政管理费																
其他现金收支情况登记																
支付租金/购买厂房																
支付利息/更新长期贷款/申请长期贷款																
支付设备维护费																
计提折旧													（ ）			
新市场开拓/ISO 9000 或 ISO 14000 认证投资																
在制品上线合计																
在制品下线合计																
期末在制品对账（请填余额）																
结账																

材料采购计划表

材料	第一季度		第二季度		第三季度		第四季度	
	订购	入库	订购	入库	订购	入库	订购	入库
R1								
R2								
R3								
R4								
材料款								

采购总监

企业经营流程 请按顺序执行下列各项操作	每执行完一项操作，采购总监（或助理）在相应方格中填写材料收支情况（个数）。															
新年度规划会议																
参加订货会/登记销售订单																
制定新年度计划																
支付应交税费																
	第一季度				第二季度				第三季度				第四季度			
原材料库存台账	R1	R2	R3	R4	R1	R2	R3	R4	R1	R2	R3	R4	R1	R2	R3	R4
期初原料盘点（请填余额）																
更新短期贷款/还本付息/申请短期贷款（高利贷）																
更新应付款/归还应付款																
原料入库/更新原料订单																
下原料订单																
更新生产/完工入库																
投资新生产线/变卖生产线/生产线转产																
向其他企业购买原料/出售原料																
开始下一批生产																
更新应收款/应收款收现																
出售厂房																
向其他企业购买成品/出售成品																
按定单交货																
产品研发投资																
支付行政管理费																
其他现金收支情况登记																
支付租金/购买厂房																
支付利息/更新长期贷款/申请长期贷款																
支付设备维护费																
计提折旧													（　）			
新市场开拓/ISO 9000 或 ISO 14000 认证投资																
原料入库合计																
原料出库合计																
期末原料对账（请填余额）																
结账																

人力资源总监

(1)记录每个成员的出勤情况：

角　色			第1年
CEO	姓名		
	学号		
COO(可选)	姓名		
	学号		
CFO	姓名		
	学号		
CFO助理(可选)	姓名		
	学号		
营销总监	姓名		
	学号		
营销总监助理/(商业间谍)(可选)	姓名		
	学号		
生产总监	姓名		
	学号		
生产总监助理(可选)	姓名		
	学号		
采购总监	姓名		
	学号		
采购总监助理(可选)	姓名		
	学号		
人力资源总监	姓名		
	学号		

(2)记录每个成员在企业运行中出错的情况：

(3)记录团队成员获裁判组奖励或处罚的情况：

奖励：

处罚：

(4)其他：

(5)对团队成员参与度与贡献度提出综合排序的建议：

7.7 第6年运营

(　　)公司第6年经营记录

角　色	填写表格
CEO	企业经营流程表
COO	企业经营流程表
CFO	企业经营流程表、现金预算表、订单登记表、产品核算统计表、综合费用明细表、简易利润表、简易资产负债表
营销总监/商业间谍	广告报价表、企业经营流程表、商业信息表
生产总监	生产计划及采购计划编制表、企业经营流程表
采购总监	材料采购计划表、企业经营流程表
人力资源总监	考勤表、企业经营记录表

CEO

企业经营流程 请按顺序执行下列各项操作	CEO 在团队成员完成每一项操作后在相应的方格内打“√”			
新年度规划会议				
参加订货会/登记销售订单				
制定新年度计划				
支付应交税费				
季初现金盘点(请填余额)				
更新短期贷款/还本付息/申请短期贷款(高利贷)				
更新应付款/归还应付款				
原料入库/更新原料订单				
下原料订单				
更新生产/完工入库				
投资新生产线/变卖生产线/生产线转产				
向其他企业购买原料/出售原料				
开始下一批生产				
更新应收款/应收款收现				
出售厂房				
向其他企业购买成品/出售成品				
按定单交货				
产品研发投资				
支付行政管理费				
其他现金收支情况登记				
支付租金/购买厂房				
支付利息/更新长期贷款/申请长期贷款				
支付设备维护费				
计提折旧				(　　)
新市场开拓/ISO 9000 或 ISO 14000 认证投资				
现金收入合计				
现金支出合计				
期末现金对账(请填余额)				
结账				

COO

企业经营流程 请按顺序执行下列各项操作	COO在团队成员完成每一项操作后在相应的方格内打“√”			
新年度规划会议				
参加订货会/登记销售订单				
制定新年度计划				
支付应交税费				
季初现金盘点(请填余额)				
更新短期贷款/还本付息/申请短期贷款(高利贷)				
更新应付款/归还应付款				
原料入库/更新原料订单				
下原料订单				
更新生产/完工入库				
投资新生产线/变卖生产线/生产线转产				
向其他企业购买原料/出售原料				
开始下一批生产				
更新应收款/应收款收现				
出售厂房				
向其他企业购买成品/出售成品				
按定单交货				
产品研发投资				
支付行政管理费				
其他现金收支情况登记				
支付租金/购买厂房				
支付利息/更新长期贷款/申请长期贷款				
支付设备维护费				
计提折旧				(　　)
新市场开拓/ISO 9000或ISO 14000认证投资				
现金收入合计				
现金支出合计				
期末现金对账(请填余额)				
结账				

CFO

企业经营流程 请按顺序执行下列各项操作	每执行完一项操作，财务总监（或助理）在相应方格内打“√”或“×”，只在涉及现金收支的方格中填写现金收支的具体数字（金额）		
新年度规划会议			
参加订货会/登记销售订单			
制定新年度计划			
支付应交税费			
季初现金盘点（请填余额）			
更新短期贷款/还本付息/申请短期贷款（高利贷）			
更新应付款/归还应付款			
原料入库/更新原料订单			
下原料订单			
更新生产/完工入库			
投资新生产线/变卖生产线/生产线转产			
向其他企业购买原料/出售原料			
开始下一批生产			
更新应收款/应收款收现			
出售厂房			
向其他企业购买成品/出售成品			
按定单交货			
产品研发投资			
支付行政管理费			
其他现金收支情况登记			
支付租金/购买厂房			
支付利息/更新长期贷款/申请长期贷款			
支付设备维护费			
计提折旧			（　）
新市场开拓/ISO 9000 或 ISO 14000 认证投资			
现金收入合计			
现金支出合计			
期末现金对账（请填余额）			
结账			

现金预算表

	1	2	3	4
期初库存现金				
支付上年应交税				
市场广告投入				
贴现费用				
利息(短期贷款)				
支付到期短期贷款				
原料采购支付现金				
转产费用				
生产线投资				
工人工资				
产品研发投资				
收到现金前的所有支出				
应收款到期				
支付管理费用				
利息(长期贷款)				
支付到期长期贷款				
设备维护费用				
租金				
购买新建筑				
市场开拓投资				
ISO 认证投资				
其他				
库存现金余额				

要点记录：

第一季度：

第二季度：

第三季度：

第四季度：

年底小结：

订单登记表

订单号											合计
市场											
产品											
数量											
账期											
销售额											
成本											
毛利											
未售											

产品核算统计表

	P1	P2	P3	P4	合　计
数量					
销售额					
成本					
毛利					

综合费用明细表　　单位:百万元

项　目	金　额	备　注
管理费		
广告费		
保养费		
租　金		
转产费		
市场准入开拓		□ 区域　□ 国内　□ 亚洲　□ 国际
ISO 资格认证		□ ISO 9000　□ ISO 14000
产品研发		P2(　)　P3(　)　P4(　)
其　他		
合　计		

利 润 表

项　目	上 年 数	本 年 数
销售收入		
直接成本		
毛利		
综合费用		
折旧前利润		
折旧		
支付利息前利润		
财务收入/支出		
其他收入/支出		
税前利润		
所得税		
净利润		

资产负债表

资　产	期初数	期末数	负债和所有者权益	期初数	期末数
流动资产			负债		
现金			长期负债		
应收款			短期负债		
在制品			应付账款		
成品			应交税金		
原料			一年内到期的长期负债		
流动资产合计			负债合计		
固定资产			所有者权益		
土地和建筑			股东资本		
机器与设备			利润留存		
在建工程			年度净利		
固定资产合计			所有者权益合计		
资产总计			负债和所有者权益总计		

广告报价表

第 6 年

	P1	P2	P3	P4
本地				
区域				
国内				
亚洲				
国际				×

营销总监

企业经营流程 请按顺序执行下列各项操作	每执行完一项操作，营销总监（或助理）在相应方格中填写产成品增减和销售情况（个数）。															
新年度规划会议																
参加订货会/登记销售订单																
制定新年度计划																
支付应交税费																
	第一季度				第二季度				第三季度				第四季度			
产成品库存台账	P1	P2	P3	P4	P1	P2	P3	P4	P1	P2	P3	P4	P1	P2	P3	P4
期初产成品盘点（请填余额）																
更新短期贷款/还本付息/申请短期贷款（高利贷）																
更新应付款/归还应付款																
原料入库/更新原料订单																
下原料订单																
更新生产/完工入库																
投资新生产线/变卖生产线/生产线转产																
向其他企业购买原料/出售原料																
开始下一批生产																
更新应收款/应收款收现																
出售厂房																
向其他企业购买成品/出售成品																
按定单交货																
产品研发投资																
支付行政管理费																
其他现金收支情况登记																
支付租金/购买厂房																
支付利息/更新长期贷款/申请长期贷款																
支付设备维护费																
计提折旧													（ ）			
新市场开拓/ISO 9000 或 ISO 14000 认证投资																
产成品入库合计																
产成品出库合计																
期末产成品对账（请填余额）																
结账																

商业间谍

商业信息表

一、广告投入情况

二、财务状况(现金、应收账款、应付账款、长期贷款、短期贷款等)

三、企业战略(市场开拓、产品研发、ISO 认证等)

四、产能(生产线类型、数量、生产状态等)

五、盈利情况(资产负债表、损益表等)

六、其他

生产计划及采购计划编制表

生产线		第1年			
		第一季度	第二季度	第三季度	第四季度
1	产品				
	材料				
2	产品				
	材料				
3	产品				
	材料				
4	产品				
	材料				
5	产品				
	材料				
6	产品				
	材料				
7	产品				
	材料				
8	产品				
	材料				
合　计	产品				
	材料				

生产总监

企业经营流程 请按顺序执行下列各项操作	每执行完一项操作，生产总监（或助理）在相应方格中填写在制品生产和产品研发投资情况（个数）。															
新年度规划会议																
参加订货会/登记销售订单																
制定新年度计划																
支付应交税费																
	第一季度				第二季度				第三季度				第四季度			
在制品台账	P1	P2	P3	P4	P1	P2	P3	P4	P1	P2	P3	P4	P1	P2	P3	P4
期初在制品盘点（请填余额）																
更新短期贷款/还本付息/申请短期贷款（高利贷）																
更新应付款/归还应付款																
原料入库/更新原料订单																
下原料订单																
更新生产/完工入库																
投资新生产线/变卖生产线/生产线转产																
向其他企业购买原料/出售原料																
开始下一批生产																
更新应收款/应收款收现																
出售厂房																
向其他企业购买成品/出售成品																
按定单交货																
产品研发投资																
支付行政管理费																
其他现金收支情况登记																
支付租金/购买厂房																
支付利息/更新长期贷款/申请长期贷款																
支付设备维护费																
计提折旧													（　　）			
新市场开拓/ISO 9000 或 ISO 14000 认证投资																
在制品上线合计																
在制品下线合计																
期末在制品对账（请填余额）																
结账																

材料采购计划表

材料	第一季度		第二季度		第三季度		第四季度	
	订购	入库	订购	入库	订购	入库	订购	入库
R1								
R2								
R3								
R4								
材料款								

采购总监

企业经营流程 请按顺序执行下列各项操作	每执行完一项操作，采购总监（或助理）在相应方格中填写材料收支情况（个数）。															
新年度规划会议																
参加订货会/登记销售订单																
制定新年度计划																
支付应交税费																
	第一季度				第二季度				第三季度				第四季度			
原材料库存台账	R1	R2	R3	R4	R1	R2	R3	R4	R1	R2	R3	R4	R1	R2	R3	R4
期初原料盘点（请填余额）																
更新短期贷款/还本付息/申请短期贷款（高利贷）																
更新应付款/归还应付款																
原料入库/更新原料订单																
下原料订单																
更新生产/完工入库																
投资新生产线/变卖生产线/生产线转产																
向其他企业购买原料/出售原料																
开始下一批生产																
更新应收款/应收款收现																
出售厂房																
向其他企业购买成品/出售成品																
按定单交货																
产品研发投资																
支付行政管理费																
其他现金收支情况登记																
支付租金/购买厂房																
支付利息/更新长期贷款/申请长期贷款																
支付设备维护费																
计提折旧													（　）			
新市场开拓/ISO 9000 或 ISO 14000 认证投资																
原料入库合计																
原料出库合计																
期末原料对账（请填余额）																
结账																

人力资源总监

(1)记录每个成员的出勤情况：

角　色			第1年
CEO	姓名		
	学号		
COO(可选)	姓名		
	学号		
CFO	姓名		
	学号		
CFO助理(可选)	姓名		
	学号		
营销总监	姓名		
	学号		
营销总监助理/(商业间谍)(可选)	姓名		
	学号		
生产总监	姓名		
	学号		
生产总监助理(可选)	姓名		
	学号		
采购总监	姓名		
	学号		
采购总监助理(可选)	姓名		
	学号		
人力资源总监	姓名		
	学号		

(2)记录每个成员在企业运行中出错的情况：

(3)记录团队成员获裁判组奖励或处罚的情况：

奖励：

处罚：

(4)其他：

(5)对团队成员参与度与贡献度提出综合排序的建议：

第 8 章　实战操作——助教

操作篇——助教

公司名称	操作记录
（　　）公司	第 1～6 年广告报价及销售额汇总表
	第 1～6 年公司经营过程记录表

8.1 （　）公司第 1～6 年广告报价及销售额汇总

第 1 年

	P1	销售额
本地		

第 2 年

	P1	P2	P3	销售额
本地				
区域				

第 3 年

	P1	P2	P3	P4	销售额
本地				×	
区域					
国内				×	

第 4 年

	P1	P2	P3	P4	销售额
本地					
区域					
国内				×	
亚洲				×	

第 5 年

	P1	P2	P3	P4	销售额
本地					
区域					
国内					
亚洲					
国际			×	×	

第 6 年

	P1	P2	P3	P4	销售额
本地					
区域					
国内					
亚洲					
国际				×	

8.2 （ ）公司第 1～6 年经营过程记录

第 1 年

第 2 年

第3年

第 4 年

第 5 年

第 6 年

第 9 章　实战操作——教师

操作篇——教师

教　师	过程记录
	实训记录
	公司第 1～6 年广告报价汇总及排序
	公司第 1～6 年销售额汇总
	公司第 1～6 年所有者权益汇总

9.1　实训记录

班级：

实训时间安排：

发展潜力指数排名：

总成绩排名：

9.2 公司第1～6年广告报价汇总及排序

第1年

市　场	广告报价	排　序
本地市场	P1	

第2年

市　场	广告报价	排　序
本地市场	P1	
	P2	
	P3	
区域市场	P1	
	P2	
	P3	

第3年

市　场	广告报价	排　序
本地市场	P1	
	P2	
	P3	
区域市场	P1	
	P2	
	P3	
	P4	
国内市场	P1	
	P2	
	P3	

第 4 年

市　场	广告报价	排　序
本地市场	P1	
	P2	
	P3	
	P4	
区域市场	P1	
	P2	
	P3	
	P4	
国内市场	P1	
	P2	
	P3	
亚洲市场	P1	
	P2	
	P3	

第 5 年

市　场	广告报价	排　序
本地市场	P1	
	P2	
	P3	
	P4	
区域市场	P1	
	P2	
	P3	
	P4	

续表

市　场	广告报价	排　序
国内市场	P1	
	P2	
	P3	
	P4	
亚洲市场	P1	
	P2	
	P3	
	P4	
国际市场	P1	
	P2	

第 6 年

市　场	广告报价	排　序
本地市场	P1	
	P2	
	P3	
	P4	
区域市场	P1	
	P2	
	P3	
	P4	
国内市场	P1	
	P2	
	P3	
	P4	

续表

市　场	广告报价	排　序
亚洲市场	P1	
	P2	
	P3	
	P4	
国际市场	P1	
	P2	
	P3	

9.3　公司第 1～6 年销售额汇总

第 1 年

	销售额	市场老大
本地市场		

第 2 年

	销售额	市场老大
本地市场		
区域市场		

第 3 年

	销售额	市场老大
本地市场		
区域市场		
国内市场		

第 4 年

	销售额	市场老大
本地市场		
区域市场		
国内市场		
亚洲市场		

第 5 年

	销售额	市场老大
本地市场		
区域市场		
国内市场		
亚洲市场		
国际市场		

第 6 年

	销售额	市场老大
本地市场		
区域市场		
国内市场		
亚洲市场		
国际市场		

9.4　公司第 1～6 年所有者权益汇总

（　　）公司

年　份	资产＝负债＋所有者权益
第 1 年	
第 2 年	
第 3 年	
第 4 年	
第 5 年	
第 6 年	

（　　）公司

年　份	资产＝负债＋所有者权益
第 1 年	
第 2 年	
第 3 年	
第 4 年	
第 5 年	
第 6 年	

（　　）公司

年　份	资产＝负债＋所有者权益
第 1 年	
第 2 年	
第 3 年	
第 4 年	
第 5 年	
第 6 年	

(　　)公司

年　份	资产=负债+所有者权益
第 1 年	
第 2 年	
第 3 年	
第 4 年	
第 5 年	
第 6 年	

(　　)公司

年　份	资产=负债+所有者权益
第 1 年	
第 2 年	
第 3 年	
第 4 年	
第 5 年	
第 6 年	

(　　)公司

年　份	资产=负债+所有者权益
第 1 年	
第 2 年	
第 3 年	
第 4 年	
第 5 年	
第 6 年	

(　　)公司

年　份	资产=负债+所有者权益
第 1 年	
第 2 年	
第 3 年	
第 4 年	
第 5 年	
第 6 年	

(　　)公司

年　份	资产=负债+所有者权益
第 1 年	
第 2 年	
第 3 年	
第 4 年	
第 5 年	
第 6 年	

第四篇

总 结 篇

第 10 章　实训总结

6 年的企业模拟经营结束了，及时、认真的总结和反思是必要的。只有善于思考和总结的人，才能获得最大的收获。通过总结使自己的思想和认识上升到一个新的高度，从而形成对实际企业管理理论和方法的新认识，这也是沙盘模拟课程实训教学所希望达到的目的。

10.1 年度经营日常记录及分析

第 1 年

1. 学会了什么？ ■ 企业战略及战略执行情况 ■ 市场开发、质量认证及销售管理方面 ■ 生产管理与设备管理方面 ■ 财务管理方面 ■ 采购管理方面 ■ 团队建设、沟通交流方面
2. 企业经营中较顺利的环节是什么？遇到的困难有哪些？
3. 下一年如何改进？

第 2 年

1. 学会了什么？ ■ 企业战略及战略执行情况 ■ 市场开发、质量认证及销售管理方面 ■ 生产管理与设备管理方面 ■ 财务管理方面 ■ 采购管理方面 ■ 团队建设、沟通交流方面
2. 企业经营中较顺利的环节是什么？遇到的困难有哪些？
3. 下一年如何改进？

第 3 年

1. 学会了什么？ ■ 企业战略及战略执行情况 ■ 市场开发、质量认证及销售管理方面 ■ 生产管理与设备管理方面 ■ 财务管理方面 ■ 采购管理方面 ■ 团队建设、沟通交流方面
2. 企业经营中较顺利的环节是什么？遇到的困难有哪些？
3. 下一年如何改进？

第 4 年

1. 学会了什么？ ■ 企业战略及战略执行情况 ■ 市场开发、质量认证及销售管理方面 ■ 生产管理与设备管理方面 ■ 财务管理方面 ■ 采购管理方面 ■ 团队建设、沟通交流方面
2. 企业经营中较顺利的环节是什么？遇到的困难有哪些？
3. 下一年如何改进？

第 5 年

1. 学会了什么？ ■ 企业战略及战略执行情况 ■ 市场开发、质量认证及销售管理方面 ■ 生产管理与设备管理方面 ■ 财务管理方面 ■ 采购管理方面 ■ 团队建设、沟通交流方面
2. 企业经营中较顺利的环节是什么？遇到的困难有哪些？
3. 下一年如何改进？

第 6 年

1. 学会了什么？ ■ 企业战略及战略执行情况 ■ 市场开发、质量认证及销售管理方面 ■ 生产管理与设备管理方面 ■ 财务管理方面 ■ 采购管理方面 ■ 团队建设、沟通交流方面
2. 企业经营中较顺利的环节是什么？遇到的困难有哪些？
3. 下一年如何改进？

10.2 实训总结报告

实训总结报告提纲：

(1)简要描述所在企业的经营状况

(2)分析所在企业成败的关键及原因

(3)总结所担任角色的得与失

(4)对所在企业下一步发展提出的意见和建议

(5)学习本课程的主要收获(企业管理知识和技能培养方面、团队精神与团队协作方面、沟通交流能力、语言表达能力等管理基本素质培养方面等)

附　录

附录 1

订单数量登记表

第 1 年(6)

	P1
本地	6

第 2 年(20)

	P1	P2	P3
本地	6	3	2
区域	3	4	2

第 3 年(36)

	P1	P2	P3	P4
本地	5	5	3	×
区域	3	4	3	1
国内	5	5	2	×

第 4 年(51)

	P1	P2	P3	P4
本地	6	6	3(9)	1
区域	2(9)	3	4(9)	2
国内	4	4	3	×
亚洲	6(9)	4(9)	3(9)	×

第 5 年(65)

	P1	P2	P3	P4
本地	4	5	5(9)(14)	2(9)
区域	3	3(9)	4(9)	3
国内	4	4	4(9)	1(9)(14)
亚洲	5(9)	4(9)(14)	3(9)	2(9)(14)
国际	6(9)	3(9)	×	×

第 6 年(71)

	P1	P2	P3	P4
本地	3	5(9)	5(9)	4(9)
区域	3	3(9)	4(9)	4(9)(14)
国内	4	4	4(9)(14)	2(9)
亚洲	3(9)	4(9)(14)	4(9)(14)	3(9)
国际	6	4(9)	2	×

附录 2 **(　　)公司第 6 年盘面实物盘点**

一、营销与规划中心

ISO 资格	有/无
ISO 9000	
ISO 14000	

生产资格	有/无
P1	
P2	
P3	
P4	

市场准入资格	有/无
本地	
区域	
国内	
亚洲	
国际	

二、财务中心

项　目	金额(账期)
现金	
长期贷款	
短期贷款	
其他贷款	
应收账款	
应付账款	

三、物流中心

原料

原料	数量(价值)
R1	
R2	
R3	
R4	

产成品

产品	数量(价值)
P1	
P2	
P3	
P4	

订单

原料订单	数量(价值)
R1	
R2	
R3	
R4	

四、生产中心

厂房类型	价值
大厂房	
小厂房	

在制品类型	数量(价值)
P1	
P2	
P3	
P4	

生产线

生产线类型	数　量	价值(净值)
手工线		
半自动线		
自动线		
柔性线		

企业综合发展潜力＝

市场竞争企业总成绩＝

附录 3

总成绩评定

总成绩＝第 6 年所有者权益×(1＋企业综合发展潜力/100)－罚分＋奖励分

企业综合发展潜力加分表

	项　目	综合发展潜力加分
1	手工线	＋3/条
2	半自动线	＋5/条
3	自动线	＋8/条
4	柔性线	＋10/条
5	区域市场开发	＋7
6	国内市场开发	＋8
7	亚洲市场开发	＋9
8	国际市场开发	＋10
9	ISO 9000	＋8
10	ISO 14000	＋10
11	P2 产品开发	＋8
12	P3 产品开发	＋9
13	P4 产品开发	＋10
14	大厂房	＋10
15	小厂房	＋5

附录 4

2019 年第十五届全国大学生“新道杯”沙盘模拟经营大赛 省赛背景资料与通用规则 (本科组)

竞赛背景资料

约创制造有限公司于 2019 年成立，是一家生产 P 系列产品的民营企业。经过一年的经营，企业并没有什么发展。

最近，一家权威机构对该行业的发展前景进行了预测，认为 P 系列产品将会有较好的发展前景。为了公司在未来几年能够跻身同行业的前列，公司股东大会决定，重新聘用一批优秀的年轻人来接约创制造有限公司，合同期限为 4 年。

现在你们五人将分别担任总经理、采购总监、生产总监、销售总监、财务总监。请运用你们所学的知识，根据公司的现状与未来的市场预测去经营自己的公司吧，相信你们在未来的 4 年中能够闯出属于自己的一片天地。

公司详情如表 1：

表 1

公司详情	目前状况
市场资质	本地市场：已开发完成 区域市场：已开发完成 国内市场：未开发 亚洲市场：未开发 国际市场：未开发
现　金	600 万元

表 2　　当前资产负债表　　单位：万元

资　产	期初数	期末数	负债和所有者权益	期初数	期末数
流动资产：			负债：		
现金	600	0	长期负债	600	0
应付款	0	0	短期负债	0	0
在制品	0	0	应收款	0	0
成品	0	0	应交税金	0	0
原料	0	0	一年内到期的长期负债	0	0
流动资产合计	600	600	负债合计	0	0
固定资产：			所有者权益：		
土地和建筑	0	0	股东资本	600	600
机器与设备	0	0	利润留存	0	0
在建工程	0	0	年度净利	0	0
固定资产合计	0	0	所有者权益合计	600	600
资产总计	600	600	负债和所有者权益总计	600	600

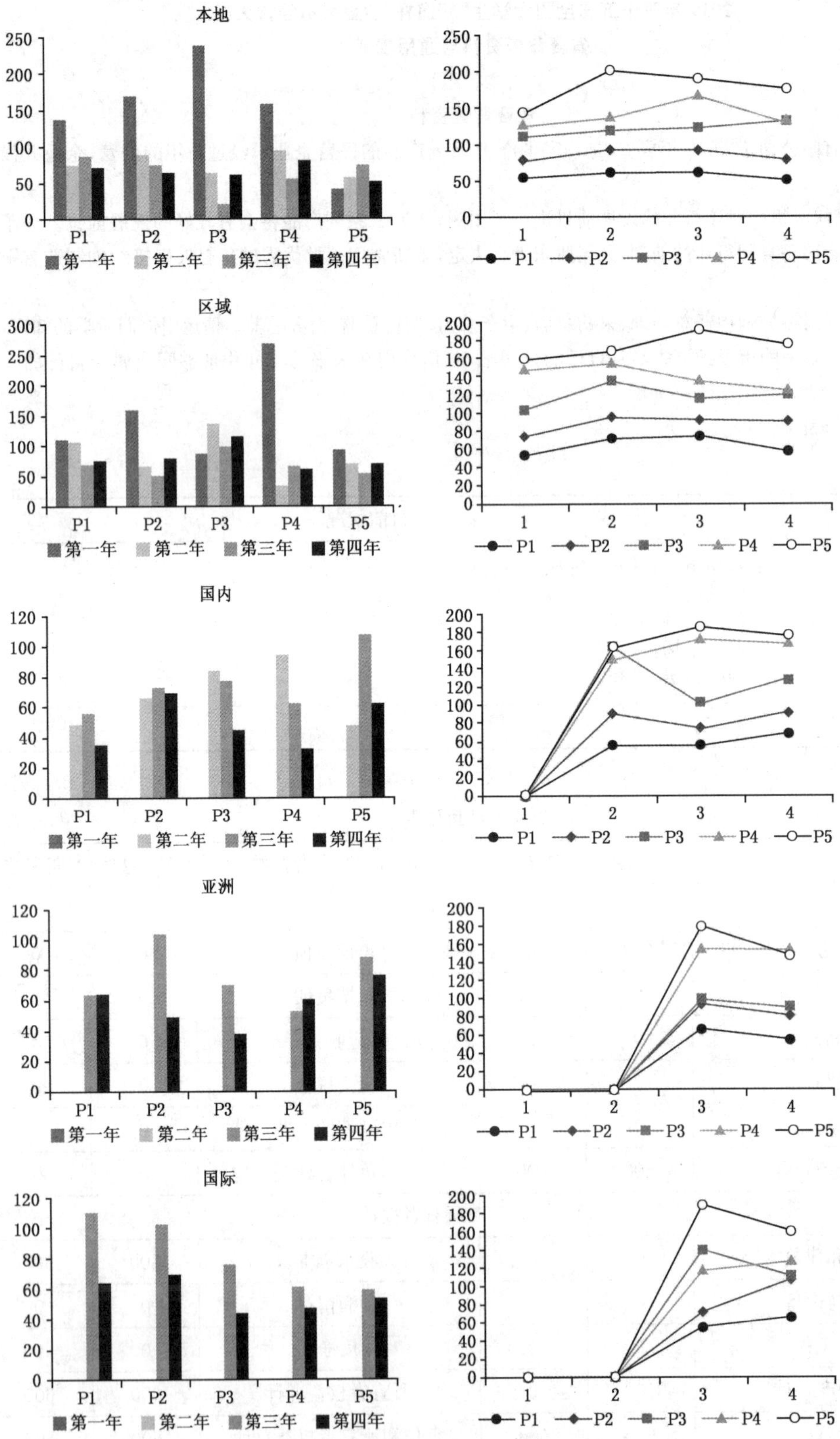

图 1　市场价格和数量预测

通用规则

1.1 比赛相关说明(重要)

根据本场比赛的赛程及场地安排,请参赛人员认真阅读下列说明:

1. 比赛暂停:比赛过程中选手一旦发现网络问题、电脑问题等无法进行比赛的,请举手提示,经裁判确认后,由技术裁判暂停本场比赛。暂停时,所有参赛队的虚拟时间冻结在每队的当前日期,不能推进日期。

在每阶段最后 30 秒内发生的故障,技术上不予暂停。

(1)网络问题:因网络问题造成的故障,裁判有权暂停比赛,在排除故障后,继续本场比赛。

(2)电脑问题:因选手硬件、电脑问题造成的故障(如重启、卡死等),裁判有权暂停比赛。在等待 1 分钟后,无论选手是否排除电脑故障,继续本场比赛。

(3)电脑卡顿:因选手电脑、网络不佳造成的卡顿,裁判不予暂停比赛。选手在每次操作后、系统反馈前,避免产生不可取消的订单。若长时间没有反馈,则可尝试刷新页面。

2. 电脑系统建议:电脑使用 1400 * 900 以上分辨率,避免因分辨率过低而造成表单填写问题,如财务报表无法填写等。如遇到该问题,请使用 ctrl+鼠标滚轴/加号来放大浏览器内容。

3. 比赛选手若电脑无法连接网线,则需自行携带网线转接口,因设备问题造成的无法连接比赛网络,由参赛队自行负责。

4. 比赛选手需自行安装录屏软件,在比赛前开启。如因录屏软件未安装或未开启而造成的争议,参赛队需无条件接受裁决结果。

5. 本次比赛不开放代工厂和拍卖功能。

6. 为维护比赛公平竞争的环境,对以下情况认定为恶意竞争行为:

(1)比赛期间,公司当年所获取的销售订单总量超过本公司当年最大产能的 2 倍,且超过 75%都违约,在本年中发生违约取消的订单,有同区域参赛队伍投诉的(投诉时间仅限当年),经大赛裁判组仲裁后认定为恶意竞争;

(2)比赛中,一次订购了某一季的全部原材料,或一次订购原料总数超过该公司全年生产需求的 1.5 倍,不论是否进行收货操作,即可认定为恶意竞争。

被判定恶意竞争后,立即取消该队比赛资格并清退离场,赛后,大赛组委会将书面通报给学校,投诉时间仅限当年有效。

1.2 比赛经营年数及每年运行时间

【比赛经营年数】:4 年

每年分【年初】,【年中】和【年末】三个阶段运行。

- 【年初时段】:20 分钟
- 【年中时段】:60 分钟
- 【年末时段】:10 分钟

每年运行过程的子阶段时间分配如表 3。

表 3　　每年阶段经营功能的时间分配

经营功能	运行启动	年初阶段	年中阶段	年末阶段
促销及计划	裁判手动	5 分钟	×	×
第 1 次申请订单	自动	10 分钟	×	×
第 2 次申请订单	自动	5 分钟	×	×
第一季度	裁判手动	×	15 分钟	×
第二季度	裁判手动	×	15 分钟	×
第三季度	裁判手动	×	15 分钟	×

续表

经营功能	运行启动	年初阶段	年中阶段	年末阶段
第四季度	裁判手动	×	15 分钟	×
商业情报收集＋报表审核上报	裁判手动	×	×	10 分钟

其中：×表示【经营功能】在本阶段是禁止使用的。

每阶段的时间表示【经营功能】允许操作的时间，超过这个时间，该功能自动关闭。

1.3 【年初时段】运行操作规则

1.【年初时段】任务清单。

【年初时段】用于当年参加各市场的促销广告投放、销售订货会、市场资质的研发投资，以及制定本年经营计划等活动。具体任务及限定时间如表 4。

表 4　　【年初时段】任务清单

任务清单	岗位	促销及计划(5 分钟)	申请订单及分配(1)(10 分钟)	申请订单及分配(2)(5 分钟)
投放促销广告	总经理	□	□	□
市场资质(ISO)投资	总经理	□	□	□
申请销售订单	全岗	□	□	□
贴现	财务	□	□	□
预算费用申报	全岗	□	□	□

2. 促销及计划时段的操作规则(【企业知名度】的具体说明见 1.7)。

(1)促销广告的目的是提升该市场中本企业的【企业知名度】排名，订单按照申报者的【企业知名度】排名顺序进行分配。【企业知名度】排名靠前的公司，更容易被分到申报的产品数量。

(2)投放促销广告只能在表 2 规定的时间内进行。

(3)促销广告分市场投放，每个市场投放的广告只影响本市场当年的【企业知名度】排名。

3. 第一次申报订单的操作规则。

(1)【订单申报】。

①在规定时间内，各队同时进行订单数量申报，互不冲突。在选单结束进行订单分配时，根据各队的【企业知名度】排序，确定各队实际申报到的订单。

②选手以队为单位进行订单申报，可同时进行所有市场、产品的订单申报，即选择一张订单，填写需要获取的产品数量，然后点击【申报】按钮，提交申请，申请产品的数量将被显示在订单表的【申报详情】栏中。

③所有岗位都可以进行任何市场的订单申报，系统只更新接受最后一次点击【申报】的数量。

④权益为负的企业，不能参加第一轮选单。

(2)【订单分配】。

①每张订单按照申请公司的【企业知名度】排名顺序依次进行分配。

②公司申请某订单的数量小于该订单剩余产品数量时，按照申请的数量全额分配。

③公司申请某订单的数量大于该订单剩余产品数量时，按照该订单剩余数量分配(即申请人只能获得剩余产品数量)。

④当某订单的产品剩余数量为“0”时，该订单分配完成，还没排到的公司将不能获得该订单的产品。

(3)相同知名度排名时的【订单分配】。

如果两家以上【企业知名度】排名相同且申请了同一张订单，本着平等分配的原则，按照下述方法进行分配。

①【最小申请量平均分配法】:取该订单申请排名相同的公司总数 S0 和相同排名各队中最小申请数量 P0,计算:M0=P0×S0。如果 M0 小于订单剩余的产品数量(即订单的产品数量足够让各公司都获得 P0 个产品),则排名相同的各公司将分配到 P0 数量的产品,依次进行分配,直到 M0 大于订单剩余的产品数量(即订单剩余产品数量不够按照 P0 平均分配)时,执行【按公司数平均分配法】。

②【按公司数平均分配法】:取剩余公司数 S0 和订单剩余产品数 U0 进行比较,当 U0 大于等于 S0 时,计算:M1=U0÷S0 取整,按照 M1 的取整值将产品分配给每个剩余公司;当 U0 小于 S0(即剩余的产品数量不够剩余公司平均分到 1 个)时,本次分配结束,剩余的产品将进入下个排名的分配。

4. 第二次申报订单操作规则。

(1)第一次未分配完的产品订单在第二次申请阶段显示,已经分配完的订单不再出现在可选订单中。

(2)第二次申报订单操作与第一次申报订单相同。第二次申报时间结束后,系统自动进行第二次分配。

1.4 【年中时段】运行操作规则

1. 年中运行的虚拟时间共为 1 年(4 个季度)。1 年为 12 个月,每 3 个月为 1 季(每季为 1 个阶段),每月为 30 天。每个季度运行时间为现实时间 15 分钟。

2. 年中每个季度(阶段)中,各队可进行日期自选。

(1)每月:各队可自主在一个月内选择经营日期进行操作(如 1 月 1 日 ,1 月 30 日)。允许跳选日期操作,但只能向前跳选,禁止回退。

(2)每季度:在一个季度中,各队可自行结束每月操作,进入下月的日期操作(如 1 月 1 日结束,进入 2 月 1 日操作)。单每季度最后一个月,只能等待统一的季度结束时间,不能自主跳至下一季度。

(3)季度结束:设定的季度运行时间结束后,系统将自动结束本季度,所有未完成的操作,都将被自动跳转至本季结束状态。

3. 跳过的日期中若有没有完成的操作,系统则会自动根据选定的日期判断跳过的操作是否违约。比如:从 3 月 1 日跳到 3 月 10 日,中间的 3 月 5 日有原料到货的操作未执行,则跳到 3 月 10 日时,系统自动判定 3 月 5 日应到货的采购订单为【收货违约】。

4. 总经理可进行挑选日期操作。

5. 总经理选择操作日期后,其他操作岗位可点击日期旁的刷新按钮,刷新当前日期。

6. 运行中操作页面上的时间进度条,表示本季度运行的剩余时间(系统时间)。

7. 每年的 12 月份,会对本年所有未缴费用进行强制清缴,即

(1)12 月份的所有费用的容忍期到期日调整到 12 月 29 日;

(2)12 月 30 日即对所有未缴费用按照强制扣除处理,并按照 OID 减值 1,OID 减值 2 扣减所有市场 OID。

1.5 【年末时段】运行操作规则

1.【年末时段】所有经营操作均被停止,必须在规定的时间内完成。

(1)经营报表【填制】、【上报】。

(2)商业情报收集。

2. 经营报表【填制】、【上报】(具体报表说明见 1.10)。

(1)经营报表由【费用表】、【利润表】和【资产负债表】组成,每年各公司须在【年末】规定的时间内完成经营报表的【上报】;

(2)经营报表的制作是由下列环节顺序完成,即:

【填制】岗位统计表 →【提交】岗位统计表 →【生成】经营报表 →【上报】经营报表

①岗位统计表包括“经理统计表”“采购统计表”“销售统计表”“财务统计表”和“生产统计表”,分别由经理、采购总监、销售总监、财务总监和生产总监各自填报并【提交】完成。岗位报表可以多次【提交】,每次【提交】都刷新上报的经营报表。

②合成的经营报表不能直接修改,必须经岗位报表修改后再次刷新。

③合成的经营报表由总经理或财务总监在“报表上报”功能中点击【提交报表】完成上报,提交后不可修改。

④【年末】结束时，系统自动关闭本年的所有报表操作。

(3)报表核查。

待系统的“年末”到时，可以在“报表上报”窗口中选择本年查询经营报表的“系统值”和“上报值”的对比数据。

①报表对比数据显示格式为：系统值/本公司上报值；

②显示底色表示对比数据的一致与否，【绿色】表示系统值与上报值一致，【粉色】表示系统值与上报值不一致，【黄色】表示没有上报数据；

(4)商业情报收集(【商业情报收集】具体说明见 1.9)。

①进入【年末】时段，可以查询当年的“经营结果排名”；

②【年末】时段，可以通过总经理的【商业情报】功能，查看任何公司的【公司详情】，便于了解其他公司的经营动向。现金为负的公司无法获取商业情报。

1.6 【容忍期】和【强制取消/执行】

1. 模拟运行中公司与外界的交易活动(或业务)必须在规定时间内完成(如：产品销售订单必须在交货日期前【交货】，原料订货必须在到货日期【收货】入库等)，否则将降低企业的【经营诚信度】(见【经营诚信度】1.7)；

2.【容忍期】：凡是在规定日期没有完成的业务操作，允许延迟一段时间继续执行，这个延迟的时段称为【容忍期】，在【容忍期】内除了按照业务要求进行操作外，必须：

(1)支付相应的违约金，在支付业务费用的同时支付违约金；

(2)扣减经营诚信度分数(见经营诚信度 1.7)

3.【强制取消/执行】：容忍期结束仍不能完成业务操作的，该业务将被强制处理：

(1)订单【取消】(包括销售订单被取消，采购订单被取消)，将强制扣除违约金，并额外再扣减【经营诚信度】分数，取消的订单将返回临时市场继续。

(2)费用支付业务【强制执行】，如：应还的贷款或利息等连同违约金。费用将被强制从财务账户中扣除，如果财务账户资金不足，将扣减至负值。

特别说明：【容忍期】和【强制取消/执行】是两种不同的惩罚措施。【容忍期】内，原操作仍然可以进行，将被扣缴违约金，并扣减 OID 减值 1；若【强制】执行，则不允许进行原操作，扣除违约金，并扣除 OID 减值 1 及 OID 减值 2。

1.7 企业知名度和经营诚信度 OID

1.【企业知名度】是公众对企业名称、商标、产品等方面认知和了解的程度。企业知名度分市场计算，各公司在一个市场中的企业知名度排名，决定该市场订单分配的先后顺序。

(1)广告分为【战略】和【促销】两类。

①【促销】广告只能在【年初】订单申请前进行投放，直接用于本年度企业知名度排名。本年【年中】运行开始后，促销广告不再影响企业知名度排名。

②【战略】广告在【年中】可随时投放，但是只在每季度末进行计算，下季度 1 日显示上季度最终知名度排名，即年初显示当前排名；第一季度显示年初排名；第二季度显示第一季度排名。战略广告对知名度有延续 3 年的影响，即投放的广告参与各年(三年)知名度计算。

(2)两类广告均分市场投放，用于提升企业在该市场的【企业知名度】排名。

2.【经营诚信度】(简称 OID)是反映经营信用程度的指标，与公司运行行为关联，不符合规则的业务行为将减少【经营诚信度】，每项业务的操作或对 OID 产生增值的效应，或对 OID 产生减值的效应。OID 的变化计算公式为：

某市场的 OID 值= 市场当前 OID 值+市场 OID 增值- OID 减值

其中：

(1)增值的条件如表 5 所示，减值的条件如表 6 所示。

(2)OID 增值每年末自动计算一次；OID 减值计算实时进行。

表 5　　　　OID 增值计算项

类　别	OID 影响因素	影响范围	计算方式
OID 增值	交货无违约	单一市场	常量
	市场占有率	单一市场	计算值
	贷款无违约	全部市场	常量
	付款收货无违约	全部市场	常量

表 6　　　　OID 减值计算项

<table>
<tr><th>类　别</th><th colspan="2">OID 影响因素</th><th>影响范围</th></tr>
<tr><td rowspan="9">OID 减值</td><td rowspan="2">订单违约交单</td><td>容忍期内完成</td><td rowspan="2">单一市场</td></tr>
<tr><td>强制执行</td></tr>
<tr><td rowspan="2">还贷及利息违约</td><td>容忍期内完成</td><td rowspan="2">全部市场</td></tr>
<tr><td>强制执行</td></tr>
<tr><td rowspan="2">付款收货无违约</td><td>容忍期内完成</td><td rowspan="2">全部市场</td></tr>
<tr><td>强制执行</td></tr>
<tr><td>年初现金为负</td><td>现金为负</td><td>全部市场</td></tr>
<tr><td rowspan="2">支付费用违约</td><td>容忍期内完成</td><td rowspan="2">全部市场</td></tr>
<tr><td>强制执行</td></tr>
</table>

注：当年初现金为负值时，全部市场 OID 值减 0.2。

表 7　　　　与 OID 增减相关的经营操作

<table>
<tr><th>序号</th><th>动　作</th><th>岗位</th><th>本地 OID</th><th>是否 OID</th><th>区域 OID</th><th>国内 OID</th><th>亚洲 OID</th><th>国际容忍</th><th>扣减违约金</th></tr>
<tr><td>1</td><td>交货无违约</td><td>系统</td><td>+</td><td>+</td><td>+</td><td>+</td><td>+</td><td>无</td><td>无</td></tr>
<tr><td>2</td><td>市场份额</td><td>系统</td><td>+</td><td>+</td><td>+</td><td>+</td><td>+</td><td>无</td><td>无</td></tr>
<tr><td>3</td><td>贷款无违约</td><td>系统</td><td colspan="5">+</td><td>无</td><td>无</td></tr>
<tr><td>4</td><td>付款收货无违约</td><td>系统</td><td colspan="5">+</td><td>无</td><td>无</td></tr>
<tr><td>5</td><td>订单违约交单</td><td>销售</td><td>□</td><td>□</td><td>□</td><td>□</td><td>□</td><td>有</td><td>有</td></tr>
<tr><td>6</td><td>取消订单强制扣除违约金</td><td>销售</td><td>□</td><td>□</td><td>□</td><td>□</td><td>□</td><td>有</td><td>有</td></tr>
<tr><td>7</td><td>原料订单延迟收货违约</td><td>采购</td><td colspan="5">□</td><td>有</td><td>有</td></tr>
<tr><td>8</td><td>取消原料订单强制扣违约金</td><td>采购</td><td colspan="5">□</td><td>有</td><td>有</td></tr>
<tr><td>9</td><td>零售市场出售原料未能履约</td><td>采购</td><td colspan="5">□</td><td>有</td><td>有</td></tr>
<tr><td>10</td><td>零售市场出售产品未能履约</td><td>销售</td><td colspan="5">□</td><td>有</td><td>有</td></tr>
<tr><td>11</td><td>代工延迟收货违约</td><td>销售</td><td colspan="5">□</td><td>有</td><td>有</td></tr>
<tr><td>12</td><td>取消代工订单并强制扣除违约金</td><td>销售</td><td colspan="5">□</td><td>有</td><td>有</td></tr>
<tr><td>13</td><td>贷款延迟还款违约</td><td>财务</td><td colspan="5">□</td><td>有</td><td>有</td></tr>
<tr><td>14</td><td>强制扣除应还贷款及违约金</td><td>财务</td><td colspan="5">□</td><td>有</td><td>有</td></tr>
</table>

续表

序号	动　作	岗位	本地OID	是否OID	区域OID	国内OID	亚洲OID	国际容忍	扣减违约金
15	贷款利息延迟支付违约	财务			□			有	有
16	强制扣除应还贷利息及违约金	财务			□			有	有
17	延迟支付维修费违约	财务			□			有	有
18	强制扣除维修费及违约金	财务			□			有	有
19	延迟支付厂房租金违约	经理			□			有	有
20	强制扣除厂房租金及违约金	经理			□			有	有

3. 企业在某个市场中的知名度与该市场的广告和经营诚信度有关，具体计算公式为：

某市场企业知名度的量化计算值＝该市场当前 OID 值×(该市场当年战略广告×第 1 年有效权重＋上年战略广告×第 2 年有效权重＋前年战略广告×第 3 年有效权重)＋该市场当前的促销广告

注：广告和各年有效权重见“广告规则”。

1.8　销售类型与订单分配

销售类型分为订货、临时交易、现货。

1.【订货会】在每年初举行(具体见 1.3)。

2.【临时交易】订单(具体见 5.4)。

【临时交易】是在年中运行期内发生已被分配的订单【取消】时，重新设定“价格”和“交货期”后在【临时交易】市场中进行交易的活动，临时交易有如下规则：

(1)【临时交易】发生在年中(1～12 月)的运行期间，如年初订货会中已分配的订单，被其他队伍【违约取消】，则出现在订货会中，可在订货会的【临时交易】进行申请分配操作。

(2)【临时交易】触发条件。

当某公司的订单进入容忍期时，将向所有公司的【销售总监】发布【临时交易】市场订单预告，预告信息包括市场名、产品名、产品数量、预计上架日期等。

①当容忍期的订单被取消时，取消当日进入【临时交易】市场。

②如果预告的临时订单在容忍期完成交货，则不再进入【临时交易】市场。

3.【现货市场】订单

每年均可在“现货市场”中根据【现货市场】价格进行的产品和原料的买进或卖出的交易活动。

(1)现货交易过程无需市场准入；

(2)现货交易直接用现金结算。

1.9　商业情报收集

比赛过程中，其他参赛队的经营状况有两个途径进行收集：

1. 每年年初订单分配后可以从订货会窗口中的【订单分配详情】功能处获取，通过【产品】、【获取人】、【市场】三个条件任意组合进行过滤筛选，获得整个市场的订单获取情况；

2. 每年【年末】，总经理操作获取各队【公司详情】。现金为负的队伍无法获取情报。

1.10　经营报表操作规则

经营报表格式与数据来源。

1. 费用表(见表 8)。

表 8　　**费用统计表**

序　号	项　目	填报岗位
1	管理费	财务
2	广告费	经理
3	设备维护费	财务
4	转产及技改	财务
5	租金	经理
6	市场准入投资	经理
7	产品研发	经理
8	ISO 资格投资	经理
9	信息费	经理
10	培训费	经理
11	基本工资	财务
12	费用合计	=本表 1～11 项之和

2. 利润表(见表 9)。

表 9　　**利润表**

序　号	项　目	数据来源
1	销售收入	产品销售"收入"合计项
2	直接成本	产品生产 "成本"合计项
3	毛利	=本表 1 项−2 项
4	综合费用	费用表"费用合计"项
5	折旧前利润	=本表 3 项−4 项
6	折旧	财务统计表
7	折旧后利润	=本表 5 项−6 项
8	财务费用	财务统计表
9	营业外收支	财务、原料统计表
10	税前利润	=本表 7 项−8 项+9 项
11	所得税	财务统计表
12	净利润	=本表 10 项−11 项

注:表中"本年发生"栏数据取自本年的"费用表"和岗位统计表,数据采集的说明详见"费用表"以及相关岗位任务中报表部分的说明。

3. 资产负债表(见表 10)。

表 10 **资产负债表**

序号	表　项	年初数(上年期末数)	期末数
1	现金		财务统计
2	应收款		财务统计
3	在制品		生产统计
4	产成品		销售统计
5	原材料		采购统计
6	流动资产合计		=本栏 1~5 项之和
7	土地和建筑		经理统计
8	机器与设备		生产统计
9	在建工程		生产统计
10	固定资产合计		=本栏 7 项+8 项+9 项
11	资产总计		=本栏 6 项+10 项
12	长期负债		财务统计
13	短期负债		财务统计
14	应付款		财务统计
15	应交税金		=本年利润表 11 项
16	负债合计		=本栏 12 项+13 项+14 项+15 项
17	股东资本		财务统计
18	利润留存	*	* =本表年初 18 项+年初 19 项
19	本年利润	*	=本年利润表 12 项
20	权益合计		=本栏 17 项+18 项+19 项
21	负债+所有者权益总计		=本栏 16 项+20 项

注:(1)表中"年初数"栏数据取自上年的"资产负债表"。

(2)表中"期末数"栏的数据取自本年的"利润表"以及相关岗位的本年的统计表,数据采集的说明详见"利润表"和相关岗位任务中报表部分的说明。

(3)特别注意的是标注"*"的数据,在制作本表时,"年初数"是上年末的【资产负债表】的"期末数"栏的数据,所以需要从上年的【资产负债表】中提取数据。

1.11　比赛结果评分

评分方法见表 11。

表 11

分值项	分值	评分方法	审核方法	公布方法
经营结果得分	100 分	以第四年的系统【分数】排名顺序确定评分	现场裁判审核	选手签字确认
报表减分	1 分/年	每年结束后裁判核对各组报表填写情况	参赛选手、现场裁判监督签字	选手签字确认

特别说明:

(1)报表审核只审核“资产负债表”；

(2)所谓全部正确是指报表各项(除所得税外)与系统报表数据完全相同；

(3)考虑计算工具的误差，所得税项与系统数据允许误差为0.01；

(4)系统【分数】的计算公式：

第四年的系统【分数】＝第四年 OID 平均值× 当年权益

其中，“OID 平均值”是各市场的 OID 值的平均数。

表 12 **第 4 年分数排名评分标准**

分数排名	得　分	分数排名	得　分
1	100	11	70
2	97	12	67
3	94	13	64
4	91	14	61
5	88	15	58
6	85	16	55
7	82	17	52
8	79	18	49
9	76	19	46
10	73	20	43

附录 5

2019 年第十五届全国大学生“新道杯”沙盘模拟经营大赛省赛部分订单(本科组)

市场订单编号	市场标识	年度	产品标识	应收期(天)	ISO标识	应交货日期
YC1	本地	1	P1	20	0	9月29日
YC2	本地	1	P1	30	0	7月1日
YC3	本地	1	P1	30	0	7月1日
YC4	本地	1	P2	30	0	7月1日
YC5	本地	1	P2	20	0	9月17日
YC6	本地	1	P2	20	0	10月29日
YC7	本地	1	P2	20	0	10月11日
YC8	本地	1	P2	30	0	7月1日
YC9	本地	1	P3	30	0	7月1日
YC10	本地	1	P3	20	0	10月2日
YC11	本地	1	P3	20	0	11月11日
YC12	本地	1	P3	30	0	7月1日
YC13	本地	1	P3	30	0	7月1日
YC14	本地	1	P4	20	0	8月27日
YC15	本地	1	P4	30	0	7月1日
YC16	本地	1	P4	20	0	10月10日
YC17	本地	1	P4	20	0	11月30日
YC18	本地	1	P4	20	0	11月25日
YC19	本地	1	P4	30	0	7月1日
YC20	本地	1	P5	30	0	7月1日
YC21	本地	1	P5	20	0	11月6日
YC22	本地	1	P5	28	0	7月11日
YC23	本地	1	P5	30	0	7月1日
YC24	本地	1	P5	30	0	7月1日
YC25	区域	1	P1	20	0	10月30日
YC26	区域	1	P1	26	0	7月27日
YC27	区域	1	P1	20	0	10月9日
YC28	区域	1	P1	30	0	7月1日
YC29	区域	1	P1	24	0	8月4日
YC30	区域	1	P1	30	0	7月1日
YC31	区域	1	P2	30	0	7月1日
YC32	区域	1	P2	20	0	12月3日
YC33	区域	1	P2	30	0	7月1日
YC34	区域	1	P2	20	0	10月15日
YC35	区域	1	P2	21	0	8月22日
YC36	区域	1	P2	30	0	7月1日
YC37	区域	1	P3	30	0	7月1日
YC38	区域	1	P3	20	0	9月1日
YC39	区域	1	P3	30	0	7月1日
YC40	区域	1	P3	30	0	7月1日
YC41	区域	1	P3	20	0	8月27日
YC42	区域	1	P4	20	0	12月8日
YC43	区域	1	P4	30	0	7月1日
YC44	区域	1	P4	30	0	7月1日
YC45	区域	1	P4	30	0	7月1日
YC46	区域	1	P4	30	0	7月1日
YC47	区域	1	P5	20	0	9月16日

续表

市场订单编号	市场标识	年度	产品标识	应收期（天）	ISO标识	应交货日期
YC48	区域	1	P5	30	0	7月1日
YC49	区域	1	P5	30	0	7月1日
YC50	区域	1	P5	30	0	7月1日
YC51	区域	1	P5	22	0	8月19日
YC52	本地	2	P1	36	0	5月27日
YC53	本地	2	P1	28	0	7月9日
YC54	本地	2	P1	30	0	6月28日
YC55	本地	2	P1	22	0	8月18日
YC56	本地	2	P1	20	0	9月20日
YC57	本地	2	P1	25	0	7月28日
YC58	本地	2	P2	20	0	12月11日
YC59	本地	2	P2	20	0	10月28日
YC60	本地	2	P2	45	0	3月28日
YC61	本地	2	P2	58	0	1月12日
YC62	本地	2	P2	20	0	11月21日
YC63	本地	2	P2	20	0	12月8日
YC64	本地	2	P3	20	0	9月10日
YC65	本地	2	P3	20	0	12月30日
YC66	本地	2	P3	38	0	5月11日
YC67	本地	2	P3	20	0	12月28日
YC68	本地	2	P3	20	0	10月23日
YC69	本地	2	P4	36	0	5月25日
YC70	本地	2	P4	20	0	12月27日
YC71	本地	2	P4	49	0	3月4日
YC72	本地	2	P4	40	0	5月2日
YC73	本地	2	P4	56	0	1月21日
YC74	本地	2	P4	20	0	10月15日
YC75	本地	2	P5	52	0	2月17日
YC76	本地	2	P5	58	0	1月9日
YC77	本地	2	P5	37	0	5月18日
YC78	区域	2	P1	20	0	10月27日
YC79	区域	2	P1	52	0	2月16日
YC80	区域	2	P1	24	0	8月8日
YC81	区域	2	P1	24	0	8月3日
YC82	区域	2	P1	20	0	11月24日
YC83	区域	2	P2	20	0	12月14日
YC84	区域	2	P2	39	0	5月5日
YC85	区域	2	P2	36	0	5月25日
YC86	区域	2	P2	56	0	1月22日
YC87	区域	2	P2	20	0	12月9日
YC88	区域	2	P2	20	0	8月27日
YC89	区域	2	P3	20	0	9月11日
YC90	区域	2	P3	55	0	2月2日
YC91	区域	2	P3	52	0	2月20日
YC92	区域	2	P3	49	0	3月4日
YC93	区域	2	P3	20	0	12月16日
YC94	区域	2	P3	20	0	10月30日
YC95	区域	2	P4	20	0	10月6日

续表

市场订单编号	市场标识	年度	产品标识	应收期（天）	ISO标识	应交货日期
YC96	区域	2	P4	20	0	12月28日
YC97	区域	2	P4	57	0	1月18日
YC98	区域	2	P5	20	0	12月22日
YC99	区域	2	P5	24	0	8月9日
YC100	区域	2	P5	21	0	8月26日
YC101	区域	2	P5	23	0	8月11日
YC102	区域	2	P5	32	0	6月15日
YC103	国内	2	P1	48	0	3月12日
YC104	国内	2	P1	20	0	10月4日
YC105	国内	2	P1	28	0	7月9日
YC106	国内	2	P2	46	0	3月24日
YC107	国内	2	P2	21	0	8月25日
YC108	国内	2	P2	25	0	7月28日
YC109	国内	2	P2	20	0	12月9日
YC110	国内	2	P3	56	0	1月21日
YC111	国内	2	P3	37	0	5月18日
YC112	国内	2	P3	59	0	1月6日
YC113	国内	2	P4	36	0	5月21日
YC114	国内	2	P4	46	0	3月24日
YC115	国内	2	P4	20	0	11月15日
YC116	国内	2	P4	21	0	8月23日
YC117	国内	2	P5	41	0	4月24日
YC118	国内	2	P5	20	0	9月10日
YC119	国内	2	P5	20	0	10月10日
YC120	本地	3	P1	22	0	8月15日
YC121	本地	3	P1	44	0	4月9日
YC122	本地	3	P1	32	0	6月18日
YC123	本地	3	P2	20	0	9月27日
YC124	本地	3	P2	48	ISO 9000	3月10日
YC125	本地	3	P2	47	ISO 9000	3月19日
YC126	本地	3	P2	44	ISO 9000	4月9日
YC127	本地	3	P3	20	0	12月18日
YC128	本地	3	P3	20	0	11月3日
YC129	本地	3	P3	50	ISO 9000, ISO 14000	2月30日
YC130	本地	3	P4	33	ISO 14000	6月13日
YC131	本地	3	P4	57	ISO 9000	1月18日
YC132	本地	3	P4	20	ISO 14000	9月18日
YC133	本地	3	P4	56	0	1月22日
YC134	本地	3	P5	56	ISO 9000, ISO 14000	1月27日
YC135	本地	3	P5	51	ISO 9000, ISO 14000	2月24日
YC136	本地	3	P5	36	ISO 9000	5月25日
YC137	本地	3	P5	30	0	6月29日
YC138	区域	3	P1	49	ISO 9000, ISO 14000	3月6日
YC139	区域	3	P1	29	ISO 9000	7月4日
YC140	区域	3	P1	46	0	3月23日
YC141	区域	3	P1	20	ISO 9000, ISO 14000	11月10日
YC142	区域	3	P2	20	0	11月27日

续表

市场订单编号	市场标识	年度	产品标识	应收期（天）	ISO标识	应交货日期
YC143	区域	3	P2	49	ISO 9000	3月7日
YC144	区域	3	P2	20	0	12月7日
YC145	区域	3	P3	41	ISO 9000, ISO 14000	4月23日
YC146	区域	3	P3	32	0	6月21日
YC147	区域	3	P3	40	ISO 14000	4月28日
YC148	区域	3	P3	28	0	7月11日
YC149	区域	3	P3	52	ISO 9000	2月21日
YC150	区域	3	P4	20	0	12月26日
YC151	区域	3	P4	57	ISO 9000	1月20日
YC152	区域	3	P4	31	ISO 14000	6月23日
YC153	区域	3	P4	20	0	11月12日
YC154	区域	3	P4	20	0	11月7日
YC155	区域	3	P5	39	ISO9 000, ISO 14000	5月7日
YC156	区域	3	P5	36	ISO 14000	5月21日
YC157	区域	3	P5	29	0	7月7日
YC158	国内	3	P1	20	0	12月25日
YC159	国内	3	P1	20	0	10月14日
YC160	国内	3	P1	20	ISO 9000	11月16日
YC161	国内	3	P1	20	0	12月22日
YC162	国内	3	P1	20	0	10月7日
YC163	国内	3	P2	20	0	10月11日
YC164	国内	3	P2	20	0	10月17日
YC165	国内	3	P2	20	0	11月6日
YC166	国内	3	P2	20	0	12月1日
YC167	国内	3	P3	40	ISO 9000	5月1日
YC168	国内	3	P3	35	ISO 9000, ISO 14000	5月30日
YC169	国内	3	P3	25	0	8月2日
YC170	国内	3	P4	48	ISO 9000, ISO 14000	3月14日
YC171	国内	3	P4	47	ISO 9000	3月19日
YC172	国内	3	P4	55	0	1月29日
YC173	国内	3	P4	32	ISO 14000	6月18日
YC174	国内	3	P4	34	ISO9000	6月7日
YC175	国内	3	P5	31	0	6月24日
YC176	国内	3	P5	20	0	10月17日
YC177	国内	3	P5	20	ISO 9000, ISO 14000	8月30日
YC178	国内	3	P5	37	ISO 9000	5月19日
YC179	亚洲	3	P1	20	ISO 14000	10月3日
YC180	亚洲	3	P1	20	0	10月25日
YC181	亚洲	3	P1	44	ISO 14000	4月7日
YC182	亚洲	3	P1	36	ISO 9000	5月25日
YC183	亚洲	3	P2	28	ISO 9000, ISO 14000	7月12日
YC184	亚洲	3	P2	49	ISO 14000	3月7日
YC185	亚洲	3	P2	43	ISO 9000, ISO 14000	4月11日
YC186	亚洲	3	P2	29	0	7月5日
YC187	亚洲	3	P2	20	0	11月28日
YC188	亚洲	3	P3	20	0	12月6日
YC189	亚洲	3	P3	52	ISO 14000	2月17日

续表

市场订单编号	市场标识	年度	产品标识	应收期（天）	ISO标识	应交货日期
YC190	亚洲	3	P3	20	0	9月16日
YC191	亚洲	3	P4	57	ISO 14000	1月16日
YC192	亚洲	3	P4	20	ISO 9000	11月10日
YC193	亚洲	3	P4	20	0	10月19日
YC194	亚洲	3	P5	32	0	6月17日
YC195	亚洲	3	P5	47	0	3月18日
YC196	亚洲	3	P5	20	0	11月18日
YC197	亚洲	3	P5	27	0	7月17日
YC198	亚洲	3	P5	31	ISO 9000	6月25日
YC199	国际	3	P1	20	0	10月18日
YC200	国际	3	P1	26	0	7月22日
YC201	国际	3	P1	28	0	7月9日
YC202	国际	3	P1	49	0	3月5日
YC203	国际	3	P1	20	ISO 14000	11月20日
YC204	国际	3	P1	31	0	6月26日
YC205	国际	3	P2	39	0	5月7日
YC206	国际	3	P2	20	0	10月3日
YC207	国际	3	P2	20	0	9月4日
YC208	国际	3	P2	24	0	8月5日
YC209	国际	3	P2	28	0	7月12日
YC210	国际	3	P2	20	0	11月6日
YC211	国际	3	P3	54	ISO 9000	2月3日
YC212	国际	3	P3	52	0	2月21日
YC213	国际	3	P3	29	ISO 9000, ISO 14000	7月4日
YC214	国际	3	P3	37	ISO 9000	5月18日
YC215	国际	3	P3	50	ISO 9000	3月2日
YC216	国际	3	P4	28	0	7月10日
YC217	国际	3	P4	20	0	10月13日
YC218	国际	3	P4	22	0	8月15日
YC219	国际	3	P4	21	0	8月26日
YC220	国际	3	P5	48	ISO 9000	3月12日
YC221	国际	3	P5	37	ISO 9000	5月19日
YC222	国际	3	P5	20	0	9月30日
YC223	国际	3	P5	58	ISO 9000	1月10日
YC224	本地	4	P1	20	0	9月15日
YC225	本地	4	P1	27	0	7月18日
YC226	本地	4	P1	20	0	11月11日
YC227	本地	4	P1	42	0	4月20日
YC228	本地	4	P1	20	0	9月13日
YC229	本地	4	P1	20	0	12月26日
YC230	本地	4	P2	56	ISO 9000, ISO 14000	1月24日
YC231	本地	4	P2	30	0	7月3日
YC232	本地	4	P2	42	ISO 9000	4月21日
YC233	本地	4	P2	20	0	10月15日
YC234	本地	4	P2	34	ISO 9000, ISO 14000	6月6日
YC235	本地	4	P2	57	0	1月16日
YC236	本地	4	P3	37	0	5月17日

续表

市场订单编号	市场标识	年度	产品标识	应收期（天）	ISO标识	应交货日期
YC237	本地	4	P3	20	0	12月30日
YC238	本地	4	P3	40	ISO 9000	4月29日
YC239	本地	4	P3	20	ISO 9000	12月17日
YC240	本地	4	P3	54	ISO 14000	2月4日
YC241	本地	4	P4	20	0	10月30日
YC242	本地	4	P4	46	0	3月23日
YC243	本地	4	P4	24	0	8月9日
YC244	本地	4	P4	43	ISO 9000	4月14日
YC245	本地	4	P4	53	ISO 9000	2月13日
YC246	本地	4	P4	25	0	8月2日
YC247	本地	4	P5	48	ISO 14000	3月12日
YC248	本地	4	P5	20	0	10月7日
YC249	本地	4	P5	57	ISO 9000	1月17日
YC250	本地	4	P5	55	ISO 9000, ISO 14000	2月2日
YC251	本地	4	P5	20	0	12月8日
YC252	区域	4	P1	26	0	7月25日
YC253	区域	4	P1	20	0	11月1日
YC254	区域	4	P1	56	0	1月24日
YC255	区域	4	P1	50	ISO 9000	2月30日
YC256	区域	4	P1	37	0	5月17日
YC257	区域	4	P1	26	0	7月21日
YC258	区域	4	P2	33	ISO 14000	6月10日
YC259	区域	4	P2	34	ISO 9000	6月9日
YC260	区域	4	P2	29	0	7月4日
YC261	区域	4	P2	20	0	9月21日
YC262	区域	4	P3	56	ISO 9000	1月23日
YC263	区域	4	P3	20	0	9月22日
YC264	区域	4	P3	20	0	12月20日
YC265	区域	4	P3	43	ISO 9000, ISO 14000	4月14日
YC266	区域	4	P4	45	ISO 14000	3月28日
YC267	区域	4	P4	30	0	6月27日
YC268	区域	4	P4	20	0	11月23日
YC269	区域	4	P4	26	0	7月24日
YC270	区域	4	P4	20	0	12月8日
YC271	区域	4	P5	41	ISO 14000	4月22日
YC272	区域	4	P5	56	0	1月21日
YC273	区域	4	P5	59	ISO 9000	1月6日
YC274	区域	4	P5	28	0	7月10日
YC275	区域	4	P5	34	ISO 14000	6月9日
YC276	国内	4	P1	20	ISO 9000, ISO 14000	12月9日
YC277	国内	4	P1	42	ISO 9000	4月20日
YC278	国内	4	P1	33	0	6月14日
YC279	国内	4	P2	31	ISO 9000, ISO 14000	6月25日
YC280	国内	4	P2	20	0	9月14日
YC281	国内	4	P2	20	ISO 9000, ISO 14000	11月30日
YC282	国内	4	P2	26	ISO 9000, ISO 14000	7月24日
YC283	国内	4	P2	20	0	12月20日

续表

市场订单编号	市场标识	年度	产品标识	应收期（天）	ISO标识	应交货日期
YC284	国内	4	P2	20	0	9月17日
YC285	国内	4	P3	20	ISO 9000	10月25日
YC286	国内	4	P3	20	0	9月16日
YC287	国内	4	P3	42	ISO 9000	4月20日
YC288	国内	4	P4	44	ISO 9000, ISO 14000	4月5日
YC289	国内	4	P4	20	0	12月23日
YC290	国内	4	P4	47	ISO 9000	3月17日
YC291	国内	4	P4	50	ISO 9000, ISO 14000	3月3日
YC292	国内	4	P5	45	0	3月28日
YC293	国内	4	P5	20	0	12月22日
YC294	国内	4	P5	37	ISO 9000	5月19日
YC295	国内	4	P5	42	ISO 9000, ISO 14000	4月17日
YC296	国内	4	P5	33	ISO 9000	6月14日
YC297	国内	4	P5	22	ISO 14000	8月19日
YC298	亚洲	4	P1	44	ISO 9000	4月6日
YC299	亚洲	4	P1	20	0	9月16日
YC300	亚洲	4	P1	48	ISO 9000, ISO 14000	3月11日
YC301	亚洲	4	P1	20	0	10月13日
YC302	亚洲	4	P2	20	0	11月9日
YC303	亚洲	4	P2	24	0	8月6日
YC304	亚洲	4	P2	26	ISO 9000, ISO 14000	7月24日
YC305	亚洲	4	P2	33	0	6月14日
YC306	亚洲	4	P3	47	ISO 9000	3月18日
YC307	亚洲	4	P3	28	0	7月11日
YC308	亚洲	4	P3	20	0	8月27日
YC309	亚洲	4	P4	20	0	9月27日
YC310	亚洲	4	P4	56	0	1月24日
YC311	亚洲	4	P4	42	0	4月20日
YC312	亚洲	4	P4	60	ISO 14000	1月1日
YC313	亚洲	4	P4	42	ISO 9000	4月17日
YC314	亚洲	4	P4	60	ISO 9000, ISO 14000	1月1日
YC315	亚洲	4	P5	23	0	8月10日
YC316	亚洲	4	P5	40	ISO 9000	5月3日
YC317	亚洲	4	P5	38	ISO 9000, ISO 14000	5月12日
YC318	亚洲	4	P5	20	0	10月10日
YC319	亚洲	4	P5	37	ISO 9000, ISO 14000	5月17日
YC320	亚洲	4	P5	24	0	8月6日
YC321	国际	4	P1	20	0	9月11日
YC322	国际	4	P1	32	0	6月15日
YC323	国际	4	P1	43	ISO 9000, ISO 14000	4月11日
YC324	国际	4	P1	37	ISO 9000	5月20日
YC325	国际	4	P1	52	0	2月21日
YC326	国际	4	P2	20	ISO 14000	10月13日
YC327	国际	4	P2	40	ISO 14000	4月27日
YC328	国际	4	P2	36	ISO 9000	5月23日
YC329	国际	4	P2	45	ISO 9000, ISO 14000	4月1日
YC330	国际	4	P2	42	ISO 14000	4月16日

续表

市场订单编号	市场标识	年度	产品标识	应收期（天）	ISO标识	应交货日期
YC331	国际	4	P3	20	0	9月19日
YC332	国际	4	P3	20	0	11月5日
YC333	国际	4	P3	20	0	11月5日
YC334	国际	4	P3	59	ISO 9000	1月7日
YC335	国际	4	P4	20	ISO 9000	12月12日
YC336	国际	4	P4	20	ISO 9000, ISO 14000	11月11日
YC337	国际	4	P4	20	0	8月28日
YC338	国际	4	P4	22	0	8月20日
YC339	国际	4	P5	20	0	10月23日
YC340	国际	4	P5	59	0	1月6日
YC341	国际	4	P5	20	0	11月17日
YC342	国际	4	P5	48	0	3月11日

参考文献

[1]刘平．用友 ERP 企业经营沙盘模拟实训手册(第五版)[M]. 大连:东北财经大学出版社,2017.1.

[2]张驰,王家亮．ERP 沙盘模拟实验教材[M]. 杭州:浙江大学出版社,2017.1.

[3]董红杰,吴泽强．企业经营 ERP 沙盘应用教程[M]. 北京:北京大学出版社,2012.6.

[4]舒曼,王静萍,徐峰．ERP 沙盘模拟实验指导书(第 2 版)[M]. 南京:南京大学出版社,2017.2.

[5]杨松柏．ERP 理论与应用教程[M]. 北京:高等教育出版社,2006.9.

[6]李沁芳．SAP ERP 原理与实训教程[M]. 北京:机械工业出版社,2015.9.

[7]蒋定福．ERP 沙盘模拟实训教程(第二版)[M]. 北京:首都经济贸易大学出版社,2017.9.

[8]邓光军,夏金,叶亮军．ERP 原理与实验教程[M]. 武汉:华中科技大学出版社,2017.8.

[9]王新玲,郑文超,马学文．ERP 沙盘模拟高级指导教程(第三版)[M]. 北京:清华大学出版社,2014.5.

[10]夏远强,叶建明．企业管理 ERP 沙盘模拟教程[M]. 北京:电子工业出版社,2007.7.

[11]宁健,梁伟．ERP 沙盘模拟企业经营实训教程(第二版)[M]. 大连:东北财经大学出版社,2018.2.

[12]刘贻玲,张婷婷等．企业 ERP 沙盘模拟经营实训教程[M]. 北京:电子工业出版社,2013.8.

[13]周平,王实．ERP 沙盘模拟管理综合实训手册[M]. 北京:机械工业出版社,2013.7.

[14]周菁．ERP 沙盘模拟教程[M]. 北京:北京大学出版社,2013.4.

[15]张占军,徐利飞．企业新商战沙盘实训教程[M]. 大连:东北财经大学出版社,2016.8.

[16]吴鹏跃,肖红根．ERP 项目实施教程[M]. 北京:清华大学出版社,2013.9.

[17]于兆艳,罗微,江信鸿．企业经营 ERP 沙盘模拟教程[M]. 杭州:浙江工商大学出版社,2016.6.

[18]何晓岚,钟小燕．ERP 沙盘模拟指导教程——实物＋电子＋人机对抗[M]. 北京:清华大学出版社,2016.5.

[19]王建仁,段刚龙．企业资源计划(ERP)沙盘模拟[M]. 北京:机械工业出版社,2014.2.

[20]葛颖波,张海燕．企业经营 ERP 沙盘实训教程[M]. 北京:北京大学出版社,2013.1.

[21]蔡雪莹,谢鹏如,王超．ERP 沙盘模拟经营[M]. 北京:电子工业出版社,2017.2.

[22]刘平,王实．ERP 沙盘模拟管理综合实训手册[M]. 北京:机械工业出版社,2013.7.

[23]赵合喜．企业经营决策沙盘模拟实训[M]. 北京:高等教育出版社,2016.2.

[24]杨天中．沙盘模拟企业经营实训教程(第二版)[M]. 武汉:华中科技大学出版社,2015.9.

[25] http://www.seentao.com,新道官网．